소금바다로가자

김명인 산문집
소금바다로 가다

문학동네

머리글로서의 어린 시절

한 사람이 간직하는 최초의 심상, 첫 경험, 그 기억의 아우라는 어떤 것이며, 무슨 의미가 있는가. 나는 내 시 속에서 끊임없이 회오리치고 있을 그 저류(底流)가 갑자기 궁금해졌다. 내 최초의 순수성일 그것들을 어떻게 불러내서 나는 무어라 그 동안 명명해왔을까. 필경 무의식의 심층에 가라앉아 반죽덩어리가 되어 있을 그것들을 나는 좀처럼 의식의 불꽃으로 피워올릴 수가 없다. 그러나 분명한 것은 잠재되어버린 그런 체험들에 내 시가 빚지고 있다는 사실이다.

기실 묻혀진 일들을 애써 떠올려 기록으로 남긴다는 것은 나 자신이나 남들에게 무슨 흥밋거리겠는가. 그럼에도 나는 이 내밀한 고백을 감행해보려고 한다. 이미 내 것이 아니더라도 그것들이 빚어낸 내 시의 근원을 나도 되짚어보고 싶어졌기 때문이다. 시란 읽어내기에 따라 수많은 변장으로 나타나는 것이니, 내가 나의 시를 읽을 때에도 예외가 아닐 것이다. 그리하여 나는 내 시를 분장시키고 형성해온 그 반죽덩어리를 다시 한번 감촉해보려 한다. 타인에게 읽히지 않아도 될 나만의 은밀함을 새삼스럽게 드러내려는 이 일은 내가 나를 반추하는 짓이기도 하리라. 대중 앞에 속내를 들키는 부끄러움을 무릅쓸 만큼 나는 젊지도 않지만, 그럼에도 내 최초의 심상들을 만나보려는 바람으로 절실해져 있다.

바슐라르에 의하면 "인간에게 이 세계는 어린 시절로 자주 돌아가는 영혼의 주기적 회귀와 함께 시작된다". 첫 경험의 시절은 분명 내게도 '존재의 샘물'과 같은 시기(「어린 시절을 향한 몽상」, 『몽상의 시학』, 민음사)였을 것이다. 내가 경험했던 최초야말로 오랫동안 내 시의 반복적인 사건이었으니, 아직도 내게는 뿌리칠 수 없는 관심사일 수밖에 없다.

최근에 읽었던 서책에서 "글쓰기란 잃어버린 것의 시간을 취하기, 귀환할 시간을 갖기, 잃어버린 것의 귀환에 협력하기이다. 그때 감동은 기억을 되살릴 시간을 갖는다. 기억은 되돌아올 시간을 갖는다. 단어는 다시 떠오를 시간을 갖는다. 기원은 또다시 아연실색할 시간을 갖는다. 앞면은 얼굴을 되찾는다"(파스칼 키냐르, 『혀끝에서 맴도는 이름』, 문학과지성사)라는 구절을 발견하고, 나 또한 새삼스럽게 기원의 시간들이 절감되었고, 이 일을 한번 해보기로 결심했다. 그러니 이 글은 나의 작시 과정에 스며든 원인(遠因)들을 되짚어보면서, 스스로를 추슬러보려고 애썼던 그때마다의 나와 원래의 내가 어떤 대화를 나눠왔는가 알아보려는 의도도 조금은 지니게 될 것이다.

내 시에 유난하게 등장하는 풍경 중의 하나는 박모(薄暮)의 모습이다. 새벽같이 장사를 나가서, 해가 저물어야 돌아오시던 어머니를 기다리던 어린 시절이 그런 풍경들과 연관이 있지 않을까. 일모(日暮)란 하루가 낮 동안 보존해왔던 사물들을 힘겹게 놓아버리는 시간이다. 장사 나간 어머니를 기다리다 해가 저물어 마침내 사물의 윤곽이 지워지고, 그 사이의 경계에 번져 있던 선들이 거둬지고, 그리하여 풍경이 한 어둠에 파묻히기까지 오래오래 동구 밖을 지켜보았던 어린 시절이 내게는 있었다. 그때 내가 마주치곤 했던 환각은 캄캄해지도록 부스럭대다 접혀지는 사물들의 날갯짓이었다. 어둠 속으로 소리들도 함께 스러진다는 사실을 어린 나는 기다림이라는 실제로 체험했던 것이다.

인간은 "실체가 결여된 비실제적인 존재이다".(오르테가 이 가세트) 지금의 판단이나 생각이 내가 저장하고 있는 과거의 어떤 에너지에 의해 좌우된다면, 그리하여 기억도 일종의 힘이라면 나는 내 시가 선별해낸 풍경 속에도 그 힘줄이 무수히 벋어 있으리라 믿고 있다. 시는 존재하는 현상과 같은 것, 그러므로 내 시의 이해는 어떤 분석적인 정치함보다는 보되 그냥 보여지는 것, 살피되 아무 설명도 건사하지 않는 직관의 시선에 거두어지길 바란다. 나는 내 시를 물결치는 대로 흘려보내고 싶은 것이다.

삼십대 초반, 초년의 대학 강사 시절에 은사 선생 한 분을 모시고 동해안으로 여행할 기회가 있었다. 넋 놓고 창밖을 내다보시는 선생께, "무엇을 그렇게 보십니까?"라고 물었더니, 그분께서는 "아무것도 보지 않아. 그냥 스쳐가는 거야" 하고 대답해서 깜짝 놀란 적이 있다. 풍경이란 실은 그 스스로는 어떤 의미도 구축하지 않는다. 보는 사람이 거기에

구도를 덧입히는 것이다. 시의 형상도 독자에게는 어느 정도 이런 울림을 담보하리라. 그리하여 시는 읽을 때마다 다시 태어난다. 아니, 시는 독자에 따라 새롭게 창조된다. 그러므로 함께 시를 즐긴다는 것은 시의 내밀한 결사에 각각의 인생을 덧대는 일인 것이다. 그 가담은 개인과 개인의 유대를 확산시킬 뿐만 아니라, 집단의 정체성을 확인하는 제의(祭儀)의 자리이기도 하다.

나는 운좋게도 시인이 되었다. 젊은 날 시인이 되겠다고 뜻을 세운 뒤로, 시를 쓰면서 시로 학문을 익혔고, 그 학습을 써먹으려고 직업을 구했었다. 마침내 시로써 밥을 버는 직업을 살아왔으니, 이처럼 시에 빚이 많은 내게 독자는 좀더 요구할 권리가 있는 것이다.

그러나 독자들이여, 이 책 속의 글들로 내 시의 왜곡에 나와 함께 가담하지 말고, 있는 그대로의 시편들을 다양하게 읽어내는 기초자료로 활용하길 바란다. 나도 내 시가 어렴풋한 윤곽이나 환영으로만 그려지고 있을 뿐이니! 어떤 풍경에는 그 어렴풋함이 더 확실한 형상으로 다가올 때도 있다.

여기 실린 산문들은 데뷔 이래 발표한 신변잡기 중에서 간추린 것들이지만, 다시 내게 기회가 주어진다 해도 나는 나를 고해하는 이런 쑥스러운 글들을 더는 한 자리에 펼쳐놓지 않을 것만 같다.

                                        2006년 가을
                                              김명인

차례

머리글로서의 어린 시절 4

제1부 **바다가 있는 풍경**

애장터 둘레의 추억 13

칼새의 방 22

거울 저쪽의 아버지 28

무화과, 속꽃 피우는 실과나무 37

부둣가에 엎어져 울던 도벽 43

흐드러진 해당화(海棠花)와 이글거리던 바다 노을 48

구름 속으로의 이장(移葬) 60

제2부 **우연과 필연**

우연과 필연―나는 왜 문학을 하는가 71

스무 살 둠벙가에서의 낚시질 80

끝없는 출항 88

'반시(反詩)' ― 시대의 고뇌와 시의 삶 93

첫 시집 『동두천』을 펴내던 무렵 101

소금 속의 갈증 107

노을 바다의 장엄 117

제3부 **내가 읽은 시와 시집**
  습작기에 만났던 『소월시집』 125
  재(灰) 위에 써보는 뜻 모를 회한 130
  나를 매혹시킨 신경림 시집 『농무農舞』 136
  말·현실·전통 — 황동규 시의 세 가지 싸움 143
  강 건너 등불 — 故 임영조 시인을 회상하며 152
  애기똥풀꽃의 웃음 — 유승도 시집 『작은 침묵들을 위하여』에 부쳐 159

제4부 **시간의 파도 앞에서**
  시간의 파도 앞에서 173
  허무의 바다 184
  시로 가는 여로(旅路) 189
  시를 낚는 낚시꾼 195
  오독(誤讀)의 가능성과 시 203
  이제는 유물이 된 초간본 시집들 207

대담 | 김명인·장만호 **마음의 목측(目測)으로 재는 삶의 진정성** 213

제1부 바다가 있는 풍경

애장터 둘레의 추억

> 나는 늦은 아침 잠자리떼 따라갔더니
> 총소리, 지싯골에는 총소리가
> 쫓기는 구름 쫓기는 바람 쫓기는
> 산비탈을 쏠며
> 잠자리떼 쫓아가고 있었다
> ─「영동행각嶺東行脚 4」중에서

  6·25동란을 겪으면서 집안이 온통 주검의 먹구름으로 뒤덮였건만, 사정의 심각성을 알아차리기엔 나는 너무 어렸었다. 그러므로 그때의 기억은 다만 어렴풋한 반죽들이 되어 의식의 깊숙한 곳에서 가끔씩 꽃 등으로 빚어질 뿐이다. 한 집안이 처참하게 몰락해갔던 그때 나는 겨우 네 살이었다. 그럼에도 그 비극의 씨앗에서 내 시가 발아한 것으로만 이해되는 까닭은 또 무슨 경우일까. 전란의 후유증은 오랫동안 집안의 공기를 눅눅하게 지배했었고, 그 시름들에 깊이 감촉되면서 나의 어린 시절이 펼쳐졌던 것이다. 유년의 무의식 속으로 스며든 주제들은 두고두고 되풀이된다고 누가 말했던가.
  가장 오래된 기억이면서 지금도 생생한 환영의 하나는 할머니 댁 건넌방에 피투성이가 된 채 누워 계셨던 작은숙부의 모습이다. 소리내어 앓던 환청도 함께 떠오르는데, 환몽 속의 세부는 도무지 뚜렷하지가 않다. 군사영어학교 출신이었던 작은숙부는 삼척지구방위군 장교로 배속되었다가 동란을 맞았다. 개전 나흘째 되는 날, 평해 다리를 사수하라는 명령을 받았고, 읍사무소에서 작전을 지휘하다가 지붕을 뚫고 날아든 미군 비행기의 포탄 파편에 후두부를 부상당한 것이었다. 이미 고향 남쪽인 영덕 일원에 인민군이 상륙하였으므로, 후송도 되지 못한 채 집으로 실려와 며칠을 앓다 돌아가셨다. 당년 스물일곱이었으니, 스물넷인 아내와 세 살, 한 살인 두 딸을 슬하에 두었었다. 집안 어른들의 말로는 공을 잘 차서 운동장에서 축구시합을 할 때면 펄펄 날아다녔다고 한다.

  그 환영에 비추어, 개전과 함께 총살당한 큰숙부와 큰고모부에 대한 기억은 전혀 남아 있지 않다. 큰숙부는 전문학교에 다니다가 학병으로 끌려가 일본군 오장(伍長)이 됐다던가. 남지나해 쪽에서 포로로 잡혀 있다가 광복 이듬해에야 놓여났었다 한다. 돌아온 뒤 곧 결혼을 했고, 분가를 했다 하니, 할머니 댁에서도 자주 볼 수는 없었을 것이다. 슬하에 딸 하나 아들 하나를 두었었다. 큰고모는 영덕군 창수면으로 출가했다는데, 고모부가 공부를 많이 한 잘난 사위라서 과부였던 할머니의 사랑을 듬뿍 받았다고 한다. 하기야 고모 또한 그 시골에서는 드물게 여학교까지 다녔으니, 어느 정도 걸맞은 상대였을 것이다. 큰고모에게는 갓 태어난 아들이 하나 있었다.

개전 나흘째 되던 날 큰숙부와 고모부는 당시 후포에 주둔하고 있던 해군들에게 연행되어 그날로 총살을 당했다. 보도연맹에 연루되었던 것이다. 그 일은 세월을 두고 집안에서 함구하는 바람에, 나도 대학생이 된 뒤에야 비로소 알았다.

고모부는 마을 앞 백사장에서 연루자들과 함께 두 손이 등뒤로 결박되어 꿇어앉혀진 채 총살당했다 한다. 스무 살 남짓한 소년수병이 까불거리면서 머리에다 권총을 쏴댔다는 것이다. 스무 해가 지난 뒤 오촌 당숙이 쉬쉬하며 들려준 이야기다. 큰숙부는 동네 사람들이 지켜보는 장소에서 처형하기 뭣해서인지 마을에서 십 리쯤 떨어진 거일이라는 동네까지 끌고 가서 배에 태운 채 총살했다고 한다. 황망중이라 끝내 시신을 수습할 수 없었으니 수장된 셈이다.

전란의 와중에도 그런 일로는 별다른 핍박을 받지 않았으니, 이쪽저쪽으로 얽힌 사연 덕분이었을 것이다. 집안에 들이닥친 졸지의 참극은 피난조차 경황이 없게 만들었다. 그래도 피난길에 올랐던 기억은 어슴푸레 남아 있다. 나중에 들은 이야기지만 졸지에 가족을 잃은 우리 식구들은 작은숙부의 장례가 끝난 뒤, 한사코 마다하시는 할머니를 억지로 끌고 피난길에 나섰다는 것이다. 국군장교 집안이니 전란의 와중에 무슨 봉변을 당할지 모른다고 판단했을 것이다. 어린 나는 걸릴 수가 없어, 아버지의 등짐 보따리 위에 얹어 갔다고 한다. 그때의 환영 때문일까, 성년이 된 뒤에도 나는 가끔씩 전란이 터졌다고 피난길에 오르는 꿈을 꾸곤 했었다. 동네 사람들은 배를 타고 피난을 간다고 아우성인데, 정작 우리 가족만은 피할 곳이 없어서, 우왕좌왕 쫓겨다니다 깨는 꿈을 수도 없이 꾸었던 것이다. 나중에 안 일이지만, 6·25동란 때에도 배가 있었던 후포 외가는 부산까지 수월하게 피난길에 오를 수 있었다고 한다.

 어른들이 생생하게 겪어냈을 전란의 기억은 어린 내게는 의식 밖으로 흘러가버려 내가 떠올릴 수 있는 부분은 그리 선명하지가 않다. 너무 어렴풋해서 마치 어디선가 본 듯한 빛바랜 사진들을 되새기는 것 같다. 피난길에서 아버지는 영덕 어디에선가 보국대로 끌려가셨다 한다. 난리 통에 삼형제를 모두 잃어버린 가족은 두 달 가까운 피난생활 끝에 마침내 자포자기가 되어, 죽어도 고향에 가서 죽자며 결국은 집으로 되돌아섰다는 것인데, 그렇게 집에 온 지 달포나 지나서, 아버지가 피투성이가 된 채 돌아왔다는 것이다. 노무자로 징발되어 아군의 포대에 배속된 아버지는 포항 부근 전투에서 포탄을 메고 산에 올랐다가, 중대가 전멸하는 바람에 부상병을 들쳐업고 중대장과 둘이서만 무사히 하산할 수 있었다고 한다. 이러다 당신도 죽지 싶어서, 피로 범벅이 된 모습이라 부상자라 둘러대고서, 겨우 후송차를 얻어탈 수 있었다는 것이다. 이송 도중에 뛰어내려 밤길을 걸어 집으로 돌아오신 것이다.

 내 기억 속의 전란은 그러므로 상상 이상으로 확연하지가 않다. 뒷날에 두고두고 되새김되었던 할머니나 친척들의 이야기로 한두 장면이 기억으로 재생되기는 했어도, 네댓 살 아이의 추억이라는 것이 과연 믿을 만한 것인가. 등짐 보따리에 올라 피난을 가던 나는 졸지에 아버지가 징발당하자 어쩔 수 없이 할머니의 손에 맡겨졌었다. 아들 둘에 사위까지 한꺼번에 잃어버린 할머니에게는 또 무슨 온전한 정신이 남았으랴. 결국 피난살이를 접고 다시 고향으로 돌아가게 되었을 때에는 나와 할머니만 뒤처지게 되었다. 작은 보따리를 머리에 인 할머니는 나를 업거나 걸리면서 고향길로 되돌아섰다는 것인데, 어느 마을에선가 동네 아이가 먹고 있는 강냉이를 보더니 그걸 얻어달라고 내가 한사코 떼를 썼다는 것이다. 얼마나 울고 보챘으면 경황중의 할머니에게도 그 장면이 선명하게 각인되었을까. 그 여름의 허기 탓이었을까, 나는 오랫동안 먹는 것에 게걸스러운 아이였었다.

그 무렵의 일로 기억되는 또다른 장면은 할머니가 인민군의 불심검문에 걸렸던 일이다. 이고 다녔던 보따리가 탈이었다. 보따리에는 작은숙부의 유품이 들어 있었을 것이다. 혁대며 권총, 각종 증명서들, 군번줄 등속이 꾸려져 있었던 것이 아니었을까. 검문하던 인민군 병사가 무어라 고함을 쳤고, 할머니가 힘겹게 대꾸하던 모습이 어렴풋하게 기억난다. 결국 보따리는 빼앗겼겠지만, 할머니나 내가 무사했던 걸로 보아서 돌아가신 큰숙부의 음덕이 아니었을까 짐작한다.

전란의 후유증은 정작 두고두고 파문이 되어 밀려왔다. 피난지에서 돌아온 직후에 아버지는 할머니 댁으로 거처를 옮기셨고, 이듬해 우리 식구들도 관사를 비워둔 채 대가족 속으로 합가(合家)했었다. 피난지에서 돌아오던 그해 겨울에는 나를 포함하여 집안의 어린애 여섯이 함께 홍역을 앓았다. 그 와중에 큰숙모는 아들을, 작은숙모는 막내딸을 잃었으니, 남편과 자식을 함께 전란 통에 빼앗긴 것이다. 소년 시절 동네 야산을 헤매다보면 수도 없이 널려 있었던 애장터는 그때 생겨난 것일까. 나는 용케도 살아남았으니, 내 시의 씨앗은 그 참극 속에서 잉태된 것만 같다.

해가 바뀌자 큰숙모는 딸 하나를 앞세워서 친정으로 돌아갔고, 그 이듬해인가 작은숙모까지 친정동네로 살림을 났다. 비로소 시집 안 간 작은고모, 그리고 할머니와 우리 식구들로 가족이 재편된 것이다. 그 몇 년 뒤인가, 큰숙모는 딸을 데리고 개가한 뒤에 타지로 떠나버렸고, 한동안 풍문으로만 사는 모습이 전해졌을 뿐이다. 그나마 소식이 끊어진 지도 이미 오래되었다. 친정으로 돌아온 큰고모는 할머니의 강제에 못 이겨 배 타던 어느 홀아비에게 개가했다. 그게 한(恨)이었을까. 고모는 남편을 재촉해 주문진으로 이사를 갔었고, 그 뒤로 한 번도 친정을 찾지 않았다. 심지어는 할머니 장례식 때에도 고모부만 혼자 보냈을 뿐, 끝내 친정나들이를 하지 않았다. 작은숙모는 숙부의 유족연금을 받았던 탓인지, 개가를 하지 않았고, 홀로 외딸을 키우며 지내다가 일흔을 넘기자마자 돌아가셨다. 그 사촌누이는 마흔이 되도록 시집을 못 갔었는데, 후취 자리로 출가해 뒤늦게 딸 둘을 낳았다. 비극은 오랫동안 상흔을 남겼던 것이다.

동란 뒤에도 전쟁의 분위기는 한동안 지속되었다. 어느 날 밤 안방에서 부모님과 함께 잠을 자는데, 두런거리는 말소리 때문에 깨어났더니, 몸에 수류탄을 주렁주렁 매단 사내들이 밥상을 받고 앉아서 아버지와 무어라고 두런거리고 있었다. 행색으로 보아 국군은 아니었다. 그 무렵 징집을 기피해 도망을 다니다가 잡혀온 마을 장정들이 주막집 툇마루에서 포승에 묶인 채 밥을 먹고 있던 모습이며, 공비가 내려온다고 한밤중이면 모든 불을 꺼야만 했던 캄캄한 적막이 어린 나의 어둠으로도 채색되었을까. 아래의 시는 그 시절을 떠올렸던 작품일 것이다.

    그날 밤 건넌방에 모인 사람들 모두
    삼촌을 따라 지싯골로 갔는지
    나는 늦은 아침 잠자리떼 따라갔더니
    총소리, 지싯골에는 총소리가
    쫓기는 구름 쫓기는 바람 쫓기는
    산비탈을 쓸며
    잠자리떼 쫓아가고 있었다
    아버지, 내 집은 길 내 집은 물 내 집은
    건너편 바위에
    부딪혀 되돌아서는 산울림
    나는 허구한 날 애장터에 올라가
    삼각파도에 걸린 수평선을 털어내면서

    그 언저리 어두운 황천(荒天) 속으로
    하루씩 가라앉는 것을 바라보았다

퍼득일 때마다 한 비늘씩 털려가 맨살뿐인
뜨겁고 목마른 모래살에 파고든
그물인지 덤불인지 더러운 그리움으로
떠났다가 되돌아오고 꺼졌다가 떠오르면서
흘러갔다 나는 지느러미도 없고
저녁마다 길게 산그늘 뻗어 오장산이 감추는
무성한 초목들을 잊어버리며
때로 무심히 추리면 피 묻은 저 수많은 이름 속으로
시간은 흘릴 피도 없이
침묵을 불면을 나는 늦은 아침
쫓기는 잠자리떼 따라갔다

―「영동행각嶺東行脚 4」 전문

전란은 마침내 잊혀져갔고, 희미한 잔상으로만 남았다. 그때의 기억은 아슴아슴했을 뿐, 오히려 피폐해진 가계의 곤곤한 경제가 오래도록 내 어린 날을 얼룩지웠다.

동란을 겪고 나서 아버지는 삶의 의욕을 송두리째 놓아버렸고, 그런 가장을 대신해 어머니가 장삿길에 나섰다. 어린 나는 할머니 손에 길러졌지만, 감수성이 예민했을 그 나이에 할머니의 한스러움조차 고스란히 받아안을 수밖에 없었을 터. 내 시의 절망은 그때 이미 운명지워진 것일까. 그 동란을 치러내고 난 뒤, 아버지는 당시의 기억이나 상처를 한마디도 화제에 올리신 적이 없었다. 그러니 내 시의 끈질긴 암행(暗行)은 묵언으로 이어내린 가계(家系)에서 비롯되었을 것이다.

(2005)

칼새의 방

> 어디에 있을 방 한 칸을 찾아
> 절박했지만, 그러나 방 한 칸 없어 절망조차 없던
> 그때는 마른 풀 가득한 빈 들의 시절이었을까
> ―「칼새의 방」중에서

    네댓 살 무렵의 일들은 좀처럼 생각나지 않는데, 유독 집에 관한 기억만은 어째서 생생한지 나도 그 까닭을 모르겠다. 내가 태어난 집은 광산의 사택으로 쓰였던 적산가옥이었다. 광복 전에 일본 경도(京都)에서 염색공장을 운영했던 아버지가 징용을 피해 귀향하면서 고향 부근의 중석광산에 관계하게 되자, 눌러살게 된 관사였다. 7번 국도 아래에 터 잡았던 그 집은 신작로와의 경계로 꽤 넓은 미나리꽝을 두고 있어서, 비포장도로의 소음과 먼지에서는 어느 정도 격절되어 있었다. 할머니가 살았던 '하밤투(下栗里)'로 가는 오솔길이 동쪽으로 펼쳐진 밭과 논 사이로 나 있었다. 집터는 논보다는 조금 높았지만, 국도나 오솔길보다는 낮았다. 우리 옆집과 그 앞쪽으로 비슷한 규모의 적산가옥이 두 채가 더 있었으나, 거기 누가 살았는지 내 기억 속에는 없다. 사택의 뒤쪽, 그러니까 우리집의 남쪽과 서쪽으로는 비교적 넓은 논이 펼쳐졌었고, 그 앞쪽 반 마장 거리에 서른 가구 남짓하게 형성된 동네가 '하밤투' 였다.

북향집이긴 했지만 대문만 그쪽이지, 남향으로는 난간으로 구획된 작은 베란다에다 텃밭까지 있어서, 나무울타리 너머로 넓게 펼쳐진 논밭이 한눈에 들어오는, 그야말로 자연정원을 갖춘 구조였다. 거기서 지냈던 어린 시절은 기억나지 않는다. 돌아가신 할머니 말로는 서너 살 무렵인가, 내가 겨울이면 옷을 홀딱 벗은 채 동네 아이들이 얼음 지치는 논바닥으로 달려나가곤 했었다는데, 온몸이 시퍼렇게 얼어붙어도 막무가내로 옷을 입지 않으려 해서 웃음거리였다 한다.

관사는 칸칸이 뗐다 붙였다 할 수 있는 미닫이로 구획된 다다미방들이며 화로가 놓여 있던 안방 등, 공간이 꽤 넓어서 광산의 소장 사택으로 손색이 없었다. 큰형과 누님은 일본 경도에서 출생했으니, 그 집에서는 두 살 터울인 손위 형과 나, 또 두 살 아래인 여동생이 태어났다. 6·25동란으로 두 분 숙부들이 어이없게 돌아가시자, 삼형제 중 유일한 생존자였던 아버지가 할머니를 모시려고 '하밤투' 로 합가(合家)하기 전까지는 우리 식구만의 보금자리였던 것이다. 합가를 하면서 아버지는 그때 막 설립된 고등학교에 살던 사택을 무상으로 양여했다.

나는 소년기를 할머니가 사셨던 아랫동네에서 보냈다. 할머니 댁은 일자형의 초가였지만, 비교적 너른 마당을 갖추고 있던 집이었다. 안방 앞에 나무를 깐 마루, 정지로 들어서는 통로 옆으로 건넌방이, 그 뒤로는 넓은 정지가 있어서, 큰 가마솥을 두 개나 걸 정도였다. 마루 옆으로는 사랑방이, 사랑방과 벽을 사이에 두고 뒤쪽으로 안방에서 드나드는 고방이 있어, 쪽문을 열어보면 먹을거리며 양식, 잡동사니 등속이 보관되어 있었다. 그 집의 구조 중에서 특이한 부분은 서쪽의 사랑방과 연해서 다시 길게 방 한 칸을 더 들여놓은 것이었다. 그러므로 자연히 처마쪽으로 불쑥 나와 있는 사랑방의 굴뚝이 그 방과의 경계를 이뤘었다. 마당 한쪽으로 작은 초가 아래채가 있었는데, 디딜방아를 놓아두어서, 동네 아낙들이 무시로 방아를 찧던 모습이 아직도 생생하다. 방앗간 옆으로 정낭이 있었고, 마당을 둘러친 흙돌담 아래에는 언제나 수북하게 거름이 쟁여졌었다. 겨울이면 그 마당에서 어김없이 염소를 잡곤 했었는데, 거름에 구덩이를 파고 거기 소금을 채워넣고 염소의 주둥이를 들이밀어 질식시키는, 좀 특이한 방법이었다. 그래야 고기에서 노린내가 나지 않는다는 것이었다. 새끼염소를 사다가 겨울이 올 때까지 풀을 먹여 기르느라, 초등학교 저학년 시절에 나는 학교가 끝나기 무섭게 염소를 몰고 다녔어야만 했다. 내 시에 가끔씩 등장하는 염소는 그때 자리잡았던 내 무의식일까.

하밤투의 집에는 소담한 단감나무가 서 있던 뒤란에 큰 규모의 장독대가 있었다. 내성적이긴 했지만 행동이 엉뚱해서 어릴 때 나는 자주 야단을 맞았었고, 그때마다 쫓겨나 사랑방 앞의 굴뚝 불골에 쪼그리고 앉았던 기억이 새삼스럽다. 이 집에서는 초등학교 오학년이 될 때까지 살았다.

집을 둘러싼 비교적 쓰라린 기억들은 초등학교 오학년이 되어서 이사를 갔던 '후포'에서의 경험들이다. '후포'는 어머니의 친정동네다. 어쩔 수 없이 가사를 책임진 어머니는 그나마 남아 있던 논밭을 팔아 장사를 할 요량으로 후포 시내로의 이사를 감행했었다. 장터와 면해 있었던 그 집은 부엌 안에 우물까지 두었던 비교적 큰 적산가옥이었다. 마루와 안방을 제외하고도 육조 다다미방이 넷이나 더 있었고, 방과 방 사이로는 판자를 깐 복도로 이어놓았었다. 나중에 부엌 앞방을 허물고 마당에 걸쳐 큰 가게와 쪽방을 들였고, 창고를 개조해서 상점으로 만들어 세를 주었으니, 상당한 규모의 집이라 할 것이다.

그러나 집의 규모와는 달리 그 집에서의 살림살이는 나날이 쪼그라들었으니, 내 유년의 어둡고 축축했던 추억들은 대개 그 집에서의 일들과 관련되어 있다. 어머니는 넓은 집을 활용해 장사를 해볼 속셈이었지만, 동생들이 줄줄이 태어나는 바람에 그것도 여의치 않았다. 포목장사를 하다가 그도 시원찮아 쌀장사며, 세탁소로, 마침내는 참기름방에 이르기까지 더이상 버틸 수 없게 되었을 때, 결국 집을 팔고 또 이사를 했었다. 그 시절에 나는 가난에 뼈가 저렸었고, 제때에 상급학교로 진학하지 못해서 오래 안달했었다.

후포초등학교 아래 7번 국도변의 새집으로 이사한 것은 고등학교 삼학년으로 진학하던 봄이었다. 나로서는 태생의 동네로 다시 돌아온 것이었다. 그러나 그 집에서도 몇 년을 버티지 못했다. 나는 대학에 진학하는 바람에 거기서 살아본 경험이 별로 없는데, 어느 날 어머니가 집을 팔아

솔가해서 무작정 상경했던 것이다. 그 집으로 이사를 했던 고등학교 삼학년의 봄에, 할머니 댁에서의 옛 기억을 되살려 아버지와 함께 초등학교와 면해 있던 텃밭에 단감나무 한 그루를 심었던 기억이 생생하다.

고학을 했던 대학 삼학년 무렵, 어머니는 가족을 끌고 서울로 이사를 왔다. 시골에서 더는 버틸 여력이 없었던 딱한 사정 때문이었을 것이다. 그러나 상경은 또다른 고생의 시작이었다. 어떤 궁리도 막막했던 살림이라 서울이라고 살길이 열릴 턱이 없었다. 결국 시골집을 팔아서 장만한 전농동의 집도 한두 해를 견디지 못하고 되팔아야 했었다. 그때 나는 동두천에서의 짧은 교사생활을 접고 막 군에 입대한 뒤라, 가족들이 어떻게 생계를 유지했었는지 물어보지 않아서 알 길이 없다. 아마도 그 몇 년간은 거미줄을 치고 산 세월이었을 것이다. 월남전에서 돌아왔을 때 나는 가족들이 사는 곳을 몰라, 주소를 들고 찾아나서야만 했었다. 면목동에 세 들었던 그 집은 제대하고 교사로 취직한 나와 원양어선의 선장으로 취업이 된 작은형이 합심해서 부모님께 사드렸으나, 생계가 막막했었던지 얼마 지나지 않아 다시 팔았고, 어머니가 기도원을 한다고 시골로 돌아갔던 그 몇 해 뒤까지 식구들은 전셋집을 전전했었다.

면목동의 집에서 나는 결혼을 하고 살림을 났다. 그때에는 전세방도 못 얻을 처지였으니, 나도 내 집을 갖기까지는 숱한 풍파를 겪었었다. 오죽했으면 남산 위에 올라 드넓은 서울을 바라보면서 집이 없는 처지를 혼자 한탄했을까. 하고많은 저 집들 가운데 내 집은 어째서 없는 것일까. 여섯 달이면 어김없이 이사를 해야만 했던 결혼 이후의 십여 년간, 집에 얽힌 기억이라면 돌아보기조차 싫다. 마침내 십오 평짜리 아파트를 구입해 정착민의 소원을 이뤘을 때, 나는 세상을 다 가진 것 같아 스스로가 대견스러워졌었다.

아아, 집에 엉겨붙었던 참담함이여! 집 없이 떠돌며 가졌던 무수한 편견과 왜곡들이여! 그 반사로 나는 지금 살고 있는 이 낡은 집에서 스무 해가 넘도록 꿈쩍도 않는 것일까.

(2005)

거울 저쪽의 아버지

> 다시 꽃밭이었을까요, 아버지
> 화안한 그 꽃밭 뭉개며 내 마음의 어둔
> 그림자로 우뚝 서 계시는 아버지
> ―「빗속의 아버지」 중에서

아버지가 돌아가신 지도 벌써 스무 해가 되어간다. 어머님이 생존해 계시므로 아버지를 추억할 일이 더불어 잦지만, 가끔씩 꿈속에서 뵐 때에도 이제는 모습조차 그리 선명하게 떠오르지 않는다. 잠깐의 세월이 어느덧 기억들을 희미하게 흐려놓은 것이다. 가끔씩 아내가 "당신, 점점 더 시아버님 모습과 똑같아져요"라고 놀릴 때, 나는 그 말이 역겨워서 거울을 들여다보지만, 내 모습 어디에 아버지가 감춰져 있는지, 좀처럼 흔적을 찾아낼 수가 없다. 자식이 부모를 닮는 것은 지극히 자연스러운 일. 그 당연한 것을 나는 왜 기피하려고만 들었던 것일까. 아버지를 떠올리면 내게는 흐뭇했던 추억보다 안타까운 기억이 더 많다.

나의 아버지도 여느 집 아버지들과 마찬가지로 자식 사랑이 지극했었고, 당신의 일신보다 자식의 입장을 더 끔찍하게 여기셨다. 서정주의 시 「자화상」에서처럼 "애비는 종이었다. 밤이 깊어도 오지 않았다"고 노래된 자학적인 신분도, 그렇다고 김남주의 시 「아버지」에서처럼, "그는 이름 석 자도 쓸 줄 모르는 무식쟁이였다 / 그는 밭 한 뙈기 없는 남의 집 머슴이었다"고 고백되는 자기 비하의 대상도 아니었다. 무식하고 비천한 아버지였다 할지라도 자식이라면 인연의 짐을 소중하게 지고 갈 수밖에 없는 법. 그럼에도 나는 어째서 그 부성(父性)조차 부정하고 싶었던 것일까.

그 유난했던 가부장적 위엄조차 누리지 못했던 나의 아버지, 그래도 자식을 위해서라면 어떤 수모와 굴욕도 견디려 하셨다. 내가 오랫동안 아버지를 경원해왔던 것은 오로지 나의 궁벽진 성격 탓임을 이제야 비로소 깨닫는다. 죄송해서 되돌아보니 내게는 아버지의 안타까운 모습을 제재로 해서 씌어진 작품이 무려 네 편이나 있다. 첫 작품은 『머나먼 곳 스와니』(1988)에 실려 있는 「昭和 14年」이라는 시다.

> 열사의 조상을 갖지 못한 가계여, 부끄러워라
> 부끄러워라, 저렇게 멍하니 서서 노려보는
> 소화 14년의 젊은 아버지,
> 희미한 사진 속의 긴 세월 가라앉아 건너오면서
> 광산의 덕대로, 쌀장수로, 마침내 그것도 놓아버리고

서른 해, 삶의 대목마다 흐릿하게 탈색된 채
이제는 손안에 잡혀서 떨려올 뿐인

묻어버린 절망처럼 지워져 있는
소화 14년, 제국 군대의 노무자였던 나의 아버지,
소화 14년은 지금으로부터 47년 전
헐벗은 동족이 관동군에게 쫓겨 항주로 진강으로
피울음 뿌리며 옮겨다니던 때,
그날의 통곡조차 건너뛴
빛바랜 사진을 움켜쥐고서도 나는
소화 14년의 아버질 태울 수가 없다, 이 낡은 사진 한 장
불사르질 못하는구나

—「昭和 14年」 중에서

　가족의 사진첩을 정리하다가 아버지의 젊은 날 사진을 발견하고서 쓴 작품이다. 사진 속의 차림새로 보아서 광복 직전, 아마도 중석광산에 관계하고 있었던 그 무렵인지, 아버지는 각반을 두른 특유의 복장을 한 여러 명의 장정들과 나란히 서 계셨다. 인용한 시에 등장하는 떠돌이 노무자는 아니었던 것이다. 이렇게 각색된 것은 극적 효과를 고려한 것일 터이다.
　나의 아버지는 과묵한 성품에 정직한 분이셨지만, 여리고 소심하셨

다. 다섯 남매의 맏이로 태어나 소학교를 마치자마자 일본으로 건너가 염색공장으로 자수성가를 했다. 그 덕분에 삼촌들이며 고모까지 상급학교로 진학할 수 있었으니, 그때는 한 집안의 굳건한 기둥이었던 것이다. 징용을 피해 귀국했었고, 고향 근처에서 중석광산을 인수해 경영했다. 손때 묻은 가족사진을 보면 그때의 아버지는 훤칠한 미남으로 언제나 대가족의 중심에 서 계신다. 6·25동란으로 죽음 일보 직전까지 휩쓸려갔다 살아나신 뒤로, 생의 의욕을 꺾고 난파를 자초했으니, 마침내는 무능한 아비로 전락하여 일생을 마치셨다. 아래의 시는 같은 시집에 실려 있는 작품이다.

다시 꽃밭이었을까요, 아버지
화안한 그 꽃밭 뭉개며 내 마음의 어둔
그림자로 우뚝 서 계시는 아버지
애야, 식구들 모두 모여 살 수 없단다, 네가
잠시만 떨어져 있어야겠다

(……)

그러므로 아버지, 제가 여기 있어야 한다면
저는 녹스는 제 몸을 온전히 닦아낼 수 있을까요?
칼날의 시간 작두 위에 세웠던 세월이여

> 아직도 식지 않는 증오 서리처럼 흐리는 창 너머로
> 아버지 빗속으로 걸어가신다
>
> ─「빗속의 아버지」중에서

    두 분 숙부와 고모부가 불과 며칠 간격으로 돌아가셨던 그 동란에 보국대에 노무자로 끌려갔던 아버지는 죽음의 목전에서 구사일생으로 살아나셨다. 그때 이후로 삶의 의욕을 송두리째 꺾어버리고 생의 맥락에서 비켜섰으니, 광산은 폐광이 되었고, 농사일까지 팽개쳐버리고 무미하게 한 세월을 허송하셨다. 간혹 빚보증을 서서 가계를 책임진 어머니를 더욱 힘들게 만들면서.

    어머니가 대신 가계를 꾸려나갔지만, 여자의 힘이었으니, 대가족의 형편은 나날이 궁핍해져갈 수밖에 없었다. 마침내 끼니 걱정까지 해야만 하는 형편에 이르렀던 그 시절, 나는 어머니가 안쓰럽게 여겨질수록 아버지가 이해되지 않았었다. 돌아가실 때까지 아버지는 어머니의 그늘에서 숨죽이며 살았다. 세번째 시집인 『물 건너는 사람』에 실려 있는 「유적을 위하여」에는 나의 그런 정서가 고스란히 드러나 있다.

> 아버지를 생각하면 지금도 나는 그가 몹시 부담스럽다
> 무슨 경원이 남아서가 아니다, 남보다 머리 하나쯤은
> 더 크셨으나, 일생을 어머니의 그늘에 묻혀 양지를
> 모르셨던 아버지

국민학교 사학년 때든가
소 먹이는 아이들을 따라 노느라, 한 달이 가깝도록 학교를
빼먹은 것이 들통이 나서
혼쭐이 나게 매 맞은 이후로는 그의 무지막지한 분노조차
다시 본 기억이 없다. 나는 그가
평생을 스스로의 유형(流刑) 가운데 앉아 계셨던 것으로
생각했다. 일제 말기 몇 년을 제외하고는 직업다운 직업을
가져본 적이 없었던 가장, 그 불구의 가계가
내 어린 날을 그만큼 아프게 얼룩지웠지만

—「유적을 위하여」중에서

    어릴 때 나는 다소 엉뚱했었다. 초등학교 사학년 때던가, 소치는 아이들을 따라 노느라 달포씩이나 학교를 빼먹은 적도 있다. 집에서는 학교에 간다고 나섰지만, 정작 소먹이들을 쫓아갔던 것이다. 담임선생님이 가정방문을 오시는 바람에 들통이 나서 아버지께 호되게 매를 맞았다. 그 이후로는 회초리를 드신 아버지를 본 적이 없다. 아버지는 살아 계실 때에도 당신의 주장보다는 어머니의 의사에 전적으로 따랐었다. 가사의 결정권을 어머니에게 미뤘던 것이다.

    돌아가시기 전해, 나는 일 년간 교환교수로 서울의 집을 비워두어야만 했었다. 고심 끝에 시골에서 아버지를 모셔올렸고, 동생들과 함께 기거하도록 마련했었다. 내가 드린 넉넉지 않았던 생활비로 손수 살림

을 꾸려가시는 일이 새삼스러웠던 것일까. 그 일 년은 어느 때보다도 활기에 차 계셨다고 한다. 귀국하게 된 그해 봄, 아버지는 아쉬워하시면서 다시 어머니가 계신 시골로 내려가셨다. 어머니의 기도원을 도와야 했었기 때문이다.

그해 초겨울에 갑자기 돌아가셨으니, 발분의 삶을 좀더 이어드리지 못한 것이 지금도 못내 아쉽다. 여섯번째 시집인 『길의 침묵』에 실린 다음 작품에는 나의 안타까운 심사가 스며 있다.

> 열목어의 눈병이 도졌는지, 아버지는
> 무슨 생각으로 나와 내 어로(漁撈)가 궁금해지신다
> 그러면 나, 아버지의 계류에서 다시 흘러가
> 검푸른 파도로 솟아 뱃전을 뒤흔드는 심해에
> 낚시를 드리우고 바닥에 닿는
> 옛날의 멀미에 시달리기도 하리라
> 줄을 당기면 손안에 갇히는 미세한
> 퍼덕거림조차 해저의 감촉을 실어나르느라
> 알 수 없는 요동으로 떨려올 때
> 물 밑 고기들이 뱉어놓은 수많은 기포 사이를
> 시간은 무슨 해류를 타고 용케 빠져나갔을까,
> 건져올린 은빛 비늘의 저 선연한 색 티!
> 갓 낚은 물고기들 한 겹 제 물무늬로 미끈거리듯

아버지의 고기잡이는 그게
새삼 벗어버리고 싶어지신 걸까,
마음의 갈매기도 몇 마리 거느리고
바다 생살을 찢으며 아침놀 속으로
이 배는 돌아갈 테지만
살아 있음이란 결코 지울 수 없는 파동, 그 숱한 멀미
가득 실었다 해도
모든 만선(滿船)은 쓸쓸하다, 마침내 비워내고선
무얼 싣기도 버거운 저기 조각달처럼!

—「아버지의 고기잡이」 전문

아버지에 관한 기억은 내 삶의 거울로서 생생하다. 무능했던 아버지 때문에 나는 애비 노릇을 제대로 해내려고 힘껏 노력했다. 착하기만 했던 우리 아버지! 경원의 대상이었다고 단순하게 말해버리기엔 불효를 넘어서는 어떤 슬픔이 아직도 아픔이 되어 다가선다.

부모의 자식 사랑은 겉으로 드러나는 모습만으로 계량되는 것은 아니리라. 살아 계실 때는 짐짓 모르는 체 지나쳤지만, 내 아버지의 가족 사랑 또한 속으로는 한없이 깊었을 것이다. 그리하여 알게 모르게 내가 아버지를 닮았다면, 자식으로서는 지극히 당연한 일. 비로소 수긍하니 이 무슨 때늦은 회오(悔悟)인가. 불효막급하게도 나는 오랫동안 아버지를 너무 멀리했었다. 이 나이에 이르러서야 비로소 아버지가 내 삶의 진

정한 반면(反面)이었음을 뼈저리게 깨닫는다.

(2001)

무화과, 속꽃 피우는 실과나무

> 강한 것은 무엇인가, 나는 한때 어머님이
> 그렇다고 생각했다
> 서른 안쪽에 가계를 책임지셨던 어머니
> ―「무화과」 중에서

아흔이 가까운 노구(老軀)시라, 어머니의 하루하루가 걱정스럽다. 얼마 전에는 갑자기 혈압이 높아져 사경을 헤매기도 했으니, 언제 또 그런 경황이 없는 경계를 지날지.

　어머님은 서울 내 집에 기거하신다. 몇 해 전만 하더라도 당신이 세운 기도원을 돌보느라 봄부터 가을까지는 시골에 내려가 계셨다. 늙으면 제 한 몸 주체하기가 힘든 법. 하루가 다르게 거동이 불편해지지만 그래도 기억력은 여전하고 눈빛도 맑으신 편이다. 내게는 어머니를 두고 쓴 시가 몇 편 있다. 아래의 작품은 그중 한 편이다.

　　폐광되자 광산은 빛만 남겨서

어머니, 밥집 닫으시고 다시 허구한 날
막내 업고 장터 떠도시었다.
가도 끝없는 날들 찬 물결 무심히
구겨지는 모랫벌 따라가면
어디서 밀려온 오징어 뼈 몇 개.
좋던 시절의 노을은 아름다웠지만 석탄 캐던
장정들도 떠나가버려
종종치던 물총새 울음에 홀로 묻혀가던 그해
늦가을까진 형님조차 소식이 없고
웬 배고픔에도 기대 그리움도 나 혼자 하릴없어서
그 뼈 부숴 흰 가루로 바다에 뿌리면
돌아와 물가장마다 뿌옇게
진종일 붐비던 파도, 안개여.

—「오징어 뼈」전문

   첫 시집 『동두천』에 실려 있는 작품이다. 시에 담긴 서사는 조금 각색이 된 채로 내 어린 날의 한 풍경이다. 아버지가 경영했던 '중석광산'이 '석탄광'으로, 또 밥집을 하는 어머니의 일터로 고쳐졌지만, 나머지 부분들은 사실 그대로인 것이다. 낯가림이 심했고, 수줍음을 유난하게 탔었던 어린 날 나의 모습이 시에서도 보이는 듯 선하다. 떨어져 지낸 시간들이 많았던 탓이었을까, 나는 어머니보다 할머니에게 정을 붙이고 자랐었다. 6·25전쟁을 겪고서 아예 생업을 놓아버린 아버지 대신에 어머니는 일찍이 장삿길로 나서서 대식구를 건사했으니, 그 강인함은 우리 식구들에겐 더할나위없이 의지가 되었겠지만, 그만큼 어머니는 혼자서 동분서주하셨던 것이다.

나의 어머님은 다산성이셨다. 중매로 다섯 살 연상이신 아버지를 만나 대가족의 맏며느리가 되었지만, 결혼 후 염색공장을 하던 신랑을 찾아 일본으로 건너가, 그곳에서 큰형님과 누님을 낳았다. 아버지가 징용을 피해 귀국하자, 작은형님을 임신한 채 뒤따랐고, 광복 직후까지 고향에서 중석광산을 경영했던 아버지를 뒷바라지하며 가사를 돌보았다. 단산하시기까지 열한 명의 자녀를 낳아 열 명이나 성년으로 키워냈으니, 거의 두 살 터울의 우리 남매들로 슬하가 편안할 날이 없었다. 더구나 어느 세월엔가 남편과 아들 하나, 딸 셋을 당신보다 앞세웠으니, 가슴에 품었을 한(恨)도 많을 것이다.

가세가 기울자 어머니가 처음 시작한 일은 포목장사였다. 장이 서는 곳을 찾아다니며, 옷감을 팔았다. 때로는 장에 내다 팔 물건을 도매하러 어린 동생을 업고 대구며 서울로 며칠씩 집을 비웠었다. 어머니가 교회에 다니기 시작했던 것은 아마도 할머니 댁과 합가를 한 1950년대 초였을 것이다. 동란으로 남편을 사별한 숙모들이나 시집가자마자 신랑이 행방불명이 된 이모가 먼저였는지는 모르지만, 그 무렵 동서들이며 자매들이 함께 교회에 다니기 시작했던 것이다. 살아내기 막막했던 어떤 절박함이 자연스럽게 신앙으로 이어졌으리라.

어머니의 신앙은 할머니와 아버지의 끈질긴 방해로 그리 순탄하지 못했었다. 할머니는 한밤중이면 장독대에 물그릇을 얹어놓고 치성을 드리거나, 무당을 불러들여 굿하기를 즐겨했었다. 맏며느리의 낯선 종교가 마땅하게 생각될 리 없었을 것이다. 매사가 귀찮기만 했던 아버지는 또 아버지대로 고부간에 갈등이 생겨나는 것을 원치 않았을 것이다. 심각한 충돌은 주로 제삿날 밤에 일어났는데, 제수(祭需)를 차려야 할 며느리가 내켜하지 않았으므로 벼르고 벼른 시어머니의 분노가 한꺼번에 폭발하곤 했었다.

마침내 집안을 두 쪽으로 가를 만한 큰 다툼이 있었고, 어머니는 한동안 윗동네 큰이모님 댁으로 피신을 했었다. 지금도 선연하게 기억되는 그 싸움의 뒤끝에 아버지가 차라리 죽어버린다고 가재도구들이며, 심지어는 방바닥에 깔아놓았던 돗자리까지 찢어버렸던 일들이 생생하게 떠오른다. 그러나 어머니는 몇 달간의 별거조차 마다하지 않고, 그 압박을 견뎌냈었고, 마침내 시어머니를 굴복시켰으니, 생각하면 신앙심에서도 유별났던 것이다.

어릴 때, 어머니가 솔가해 다녔던 예배당은 후포로 가는 바닷가 언덕 위에 있었다. 항구를 한눈에 굽어보는 작은 교회였다. 마룻바닥에 꿇어앉아 예배를 보았는데, 그곳은 내가 기피하고만 싶었던 장소였었다. 초등학교 입학을 앞두고 한두 달 나는 그 교회의 유치원을 다녔었다. 그때 나는 정말로 유치원에 가기 싫었었다. 그 뒤로도 나는 격식을 차려야 하는 예배의식에는 잘 적응이 되지 않았다.

다음의 작품은 네번째 시집 『푸른 강아지와 놀다』에 실려 있는 「무화과」라는 시다. '무화과'를 좋아해서 기도원 담장 삼아 몇 그루를 심어 놓고 가꾸시던 어머니의 모습을 떠올리면서 쓴 작품이다.

    무화과, 늦봄에서 깊은 가을까지
    각질의 초록 열매 가지마다 틔워 안고서
    엷은 홍조 겉으로 드러날 때 어느새
    속꽃 문드러져버리는,
    때도 없이 열매 맺는 나무
    지천의 삶에도 신생의 강약이 있음을 몸으로 보여준다

    강한 것은 무엇인가, 나는 한때 어머님이
    그렇다고 생각했다
    서른 안쪽에 가계를 책임지셨던 어머니
    이 장 저 장으로 포목전에서 싸전으로,
    버려졌던 그 어린 날 이후로
    너무 강한 것은 내게 고통이었을까, 하지만 누군들
    바람 찬 벌판에 제 지체를 펼쳐놓고 온전했을까
    일흔을 넘기고서야 비로소
    그게 당신의 상처였음을 고백하시던

                            —「무화과」 중에서

어머니는 평생을 가족들의 생계를 책임지느라 편안한 삶은 살아보지 못했다. 일찍 여읜 아들딸이며, 사업을 망친 자식들 때문에 마음고생이 자심하셨다. 그러니 그 기도에도 눈물이 마를 날이 없었다. 고향 부근에 기도원을 지어놓고, 밤낮으로 간구해오신 지도 벌써 서른 해가 가깝다. 나는 가끔씩 내가 이만큼 시를 쓰며 사는 것도 어머니 기도 덕분이라 생각할 때가 많다. 하루도 빼놓지 않고 새벽마다 기도원 찬 마룻바닥에 엎디시는 그 간절하고 강인한 어머니의 기도 덕분에 우리 남매들의 삶도 온전히 부지해온 것이 아니던가. 그럼에도 나는 신앙으로 어머니를 기쁘게 해드린 적이 없다. 그 점이 어머니는 못내 서운하시다.

　우리가 그 몸에서 태어났으니, 어머니는 최초의 감각이다. 거기서 세상을 익히기 시작했으니, 고향의 또다른 이름이다. 끝없는 희생을 감내하시니, 그대로가 거룩한 종교다. 모천회귀의 연어처럼 나는 그 물맛을 잊지 않고 지내지만, 그 강이 언제 마를지 알 수가 없게 되었다.

(2004)

부둣가에 엎어져 울던 도벽

> 뒤늦게 중학교에 진학한 뒤,
> 친구의 국어교과서를 훔친 것을 끝으로 내 도벽은 사라졌다.
> 그날 나는 한없는 가책을 느끼면서 학교에서 돌아오던 도중에
> 부둣가의 빈 창고 구석에 쭈그리고 앉아
> 오래 혼자서 울었다.

 어릴 때부터 나는 비사교적인 허약한 아이였다. 초등학교에 다닐 적에는 어지럼증 때문에 교실에서 공부하다 말고 쓰러져 집으로 업혀온 경우도 더러 있었다. 그런대로 공부는 꽤 했었던가. 초등학교를 마칠 무렵에는 집안 형편이 너무 어려웠다. 진학을 못 한 채 집에서 놀던 터에, 누군가의 배려로 뒤늦게 중학교에 입학할 수 있었으니, 학교에 다니면서도 공부는 눈 밖이었다.
 그 시절에 각인되어 오래 지워지지 않는 기억으로는 외삼촌과 관련된 것들이 많다. 외삼촌은 작은삼촌과 함께 서울에서 공부했었다. 경신학교를 다녔었는데, 광복이 되자 병원의 조수로 근무하다가 어영부영 의사가 되신 분이다. 6·25동란이 터지는 바람에 군의관으로 징집되었

다가, 일사후퇴 때 수원의 한 민가에 숨어들어 피신했는데, 그 집의 따님과 눈이 맞아서 결혼까지 했었다. 내 어릴 적에는 고향에 병원을 차렸었는데, 이층으로 된 목조건물의 그 병원은 작은외갓집으로 올라가는 골목길의 초입에 있었다.

그러고 보니 외숙모에 대한 기억도 얼핏 남아 있다. 도시풍의 키가 크고, 세련된 미인이었던 외숙모는 이제 보면 체구가 아담했던 미남형인 외삼촌에게 잘 어울리는 짝이었던 것 같다. 두 살 터울의 형제를 낳았지만, 돌이 채 지나지 않은 막내조차 버리고 친정으로 돌아간 뒤로는 소식을 끊어버렸으니, 외모와는 달리 그 성정(性情)에는 모진 구석이 있었던 것일까.

외숙모가 홀연히 떠나버리기 전까지는 외숙은 의술이 용하다고 소문이 난 의사로 고향에서는 남부럽지가 않았었다. 의원은 번성했고, 가족 또한 단란했었다. 어느 날 홀연히 외사촌 동생들이 작은외가에 맡겨지고, 온다 간다 인사도 없이 외숙모가 친정으로 돌아가버리자 동네가 발칵 뒤집어졌었다. 외숙의 폭주(暴酒)가 이어지기 시작하면서 병원에는 환자가 뜸해졌고, 마침내 문을 닫고야 말았다. 어머니가 외숙모를 욕하면서 늘어놓았던 이야기로는 외숙의 술을 끊게 하느라 외숙모가 일부러 아편을 맞게 했는데, 그게 심해지자 아이들까지 내팽개치고 친정으로 돌아가버렸다는 것이다.

사건의 진상이야 무엇이든 술에 취해서 살았던 외숙은 무슨 결심에선지 한동안 술을 끊고 다시 병원 문을 열었었다. 내가 외숙의 '주사약'

심부름을 했던 것은 아마도 그 무렵부터였을 것이다. 지금 생각하니 주사약은 아편 대용물이었다. 소문 탓인지 동네 약국을 제쳐두고 꼭 평해 약방으로 심부름을 보냈다. 한두 박스를 사다드리면 남는 거스름돈을 용돈으로 받았던 재미로 나는 십오 리나 먼 길을 즐겁게 걸어다녔다. 중학생이 되기 전까지 그 심부름은 해를 두고 이어졌다.

그 시절에 내게는 도벽이 있었다. 후포로 이사를 오면서 집들이로 하객들이 들고 온 성냥곽을 몰래 들고 나가 판다든가, 아버지의 주머니나 어머니의 전대를 뒤진다든가, 더러는 동네 아이들과 함께 꽁치 배들이 잡아온 생선을 훔쳐 파는 등 손버릇이 나빴었다. 내 깐에도 못된 짓이었지만 그만두지 못했었다. 채울 길 없었던 결핍들이 그런 행동을 촉발시킨 것일 터였다. 갖고 싶은 것이 많았고, 가질 수 없었던 형편이 나쁜 손버릇으로 이어졌다 할까. 도벽은 그 두려움만큼이나 내 유년을 칙칙하게 채색했었다.

뒤늦게 중학교에 진학한 뒤, 친구의 국어교과서를 훔친 것을 끝으로 내 도벽은 사라졌다. 그날 나는 한없는 가책을 느끼면서 학교에서 돌아오던 도중에 부둣가의 빈 창고 구석에 쭈그리고 앉아 오래 혼자서 울었다. 외숙의 약 심부름을 그만두었던 것도 아마 그때부터였을 것이다.

약을 끊고서도 외숙은 더는 술을 마시지 않았었다. 그럼에도 나날이 폐인이 되어갔으니, 외가에 맡긴 막내아들이 마루에서 굴러떨어져 곱사가 된 사건 이후로는 더욱 그랬다. 마침내는 손목의 동맥을 수술칼로 그어 자살을 시도했었다. 다행히 곧 발견이 되어 죽음을 모면했지만,

손위 누님이었던 내 어머니께는 커다란 충격이었을 것이다. 그 뒤로도 외삼촌의 자살기도는 몇 번 더 있었다. 바다에 뛰어들거나, 수술칼로 목을 긋는 등 주로 끔찍한 방법을 사용했으나, 웬일인지 그때마다 가까스로 목숨은 건졌다.

어영부영 그렇게 나는 중학교를 졸업했으나, 이번에는 고등학교에 진학할 형편이 못 되어 다시 한번 마음에 상처를 입었다. 진학에 대한 희망이 사라지자 나는 자포자기가 홀가분하다는 것을 알았다. 친구들과 어울려 동네를 싸돌아다니든가, 아니면 사촌을 따라 탁구를 치러 다녔었다. 그때 열심히 배우려고 애썼던 것이 두 가지였다. 유행가와 도리짓고땡. 유행가는 고등학교에 진학하지 못했던 동급생 남녀끼리 몰려다니며 자연스럽게 익혔던 것이고, 성냥개비를 걸고 판을 벌였던 도리짓고땡은 사내들끼리의 은밀한 오락이었다. 그러던 내가 대학에 진학할 수 있었던 것은 그야말로 행운이었다.

대학 이학년 때던가. 어머니가 외삼촌을 서울 내 자취방으로 데려온 적이 있다. 신앙에 의지해서라도 외삼촌을 정상인으로 되돌려놓으려는 어머니의 집념이 궁색한 내 자취방으로까지 외삼촌을 모셔다놓았던 것이다. 어머니가 삼각산에서 사십 일이나 되는 금식기도를 끝낸 직후였다. 마귀를 몰아낸다고 쇳소리 같은 신음을 뱉어내면서 꿇어 엎드린 외숙의 어깨를 강하게 짓누르며 안수기도를 하시던 어머니의 광기 어린 모습은 지금도 생생하게 기억된다.

그런 일을 겪고 나서 나는 외숙이 정말 싫었다. 한창 일할 나이의 남동생이 폐인이 되어버린 것이 어머니에게는 못내 안타까웠겠지만, 나는 일신도 못 추스르는 그 의지박약이 정말로 미웠던 것이다. 동생을 고친답시고 날마다 벌여놓는 어머니의 그 난리법석도 이해가 되지 않았다. 노골적으로 싫어하는 나 때문에 결국 외숙은 다시 외가로 보내졌었다. 오죽했으면 아버지가 내게 "그래도 외삼촌인데 네가 그러면 되느냐"라고 하셨을까. 그러고 보니 그때나 이제나 나는 사람에 대한 편벽증이 심하다. 한번 지니게 된 혐오감을 쉽게 풀어내지 못하는 외진 성격을 가진 것이다. 외숙은 외가로 가시자마자 곧 중풍으로 쓰러졌었고, 이태 뒤엔가, 돌아가셨다.

(2005)

흐드러진 해당화(海棠花)와 이글거리던 바다 노을

> 한 생애가 눈물 가득 잔물결로도 출렁이고
> 서러울수록 그 위에 엎어져 함께 흐느껴 가면
> 어둠 속 더욱 넓어지는 소리의 이 한없는 두런거림
> 여기서 자라 이 물결에 마음 붙인
> 사람들의 오랜 고향을 나는 안다
> ―「다시 영동에서」 중에서

태백의 시렁에 얹힌 포구

'텍스트의 현장'을 답사한다고 잡지사의 사진기자와 동행이 되어 찾아간 생가 터는 어느 세월에 매립이 되어 낯선 지형으로 바뀌어 있었다. 동란 후 옮겨 살았던 할머니 댁 또한 몇가구인지 모르게 작은 집들로 쪼개져 원래의 위치조차 어림할 수 없다는 것도 비로소 발견했다. 지번을 더듬어본다면 확인 못 할 리도 없겠지만 나는 포기했다. 그러고 보니 서른 가구 남짓하던 옛 마을은 둘레의 논밭과 동네 앞의 모래사장까지 포섭하여 작은 시가지를 이루고 있었다. 내 기억은 이미 과거지사여서 시간의 파도에 씻긴 유년의 지도를 더이상 복원할 수가 없었다.

어릴 때 작은 축항으로 둘러싸여 한가롭기 짝이 없던 후포는 까마득하게 잇댄 방파제 덕분에 폭을 넓힌 물량장까지 제대로 갖춘 제법 큰 규모의 항구가 되어 있었다. 지나는 길에 둘러본 내가 다녔던 중·고등학교도 몰라보게 변했고, 낚싯대를 드리웠던 마을 앞의 크고 작은 여들은 매립이 되어 흔적조차 없다. 예전의 통통배들도 어느새 수십 톤씩의 철선으로 탈바꿈해 이물을 가지런히 출렁대고 있으니, 저 상전벽해를 두고 여기가 고향이라 나는 말 못 하겠다. 다만 동해의 수심 속으로 깊숙이 발부리를 구겨박고 늘어선 태백준령이나, 그 위치에서 아직도 한가로운 동산 위의 등대만은 옛날을 새삼스럽게 한다.

기억의 사금파리에 아직도 살이 베인 듯 쓰라리다면, 고향은 적당히 탈색되거나 마모되는 추억의 공간이 아니다. 세월의 풍파를 견딜수록 더욱 날을 세우고 날카로워지는 지난날들.

고향 바닷가는 내 생의 출발점이자 경계선이었다. 고등학교 일학년 때 나는 생업을 선택하려고 오징어 배를 탔었고, 심한 뱃멀미 때문에 바다로 나아가는 것을 포기하고 까마득한 산맥을 넘어서 도시로 나왔다. 그렇게 해서 수평선을 등졌더라도 유년으로 길러졌던 무의식까지야 어찌 떨칠 수 있었겠는가. 첩첩이 포개었던 컴컴한 체험들을 털어버리려고 애썼건만 부지불식간에 그때의 정서 속으로 나는 다시 빠져들곤 했었다. 그것이 나의 한계였고, 벗어버릴 수 없었던 내 시의 굴레였다.

한 생애가 눈물 가득 잔물결로도 출렁이고

> 서러울수록 그 위에 엎어져 함께 흐느껴 가면
> 어둠 속 더욱 넓어지는 소리의 이 한없는 두런거림
> 여기서 자라 이 물결에 마음 붙인
> 사람들의 오랜 고향을 나는 안다
>
> ―「다시 영동에서」 중에서

이 시가 씌어진 것도 벌써 서른 해 저쪽이던가. "여기서 자라 이 물결에 마음 붙인 사람들의" 그 한갓진 고향은 어느새 추억이 되어버렸다. 그렇다. 출향민(出鄕民)에게 고향이란 삶의 현장이 아니라 마음에 새겨진 기억으로 아득하고 생생한 장소이기 마련인 것이다.

그러고 보면, 고등학교를 마칠 무렵에 무작정 탈주를 꿈꾸지 않았다면, 아직도 나는 태백산맥의 발부리가 파도에 발을 씻는 곳에서 한생을 보내고 있을는지도 모를 일이다. 지금은 후포면의 일부가 되어버린 삼율리(三栗里)가 내 태생지니, 반 마장 거리로 인접한 어항인 후포처럼 그곳도 봄가을 할 것 없이 '후리 그물질'이 성행했던 바닷가다. 태백산맥이 반도의 한쪽으로 세차게 쏠리다가, 겹겹이 멈춰 서서 외줄기 해안선으로 동해와 경계를 세우고 있는, 그런 어름에 내 고향이 자리잡고 있는 것이다.

7번 국도를 따라 북상하는 차가 낮은 구릉 사이를 뚫고 나와 영해 벌에 다다르면 갑자기 시야가 틔면서 검푸르게 펼쳐진 동해와 마주 서게 된다. 거기, 깊숙이 활처럼 휜 만곡(彎曲)을 따라 해안선이 가물거리고,

굴곡진 연변의 저편에는 암벽으로 된 작은 곶(串)이 일망무제의 바다 가운데로 돌출해 있다. 병곡 마루를 넘어서면서 석축을 쌓아 만든 긴 방파제가 넘실거리는 물결 사이로 뚜렷이 보이고, 절벽 위에 세워놓은 등대까지 햇빛에 반사되어 희게 빛난다. 그 아래에 긴 허리띠처럼 펼쳐진 시가지가 후포항인 것이다. 단애(斷崖)로 깎아지른 산들이 배경이 되어 있으나, 돌출된 곶이 동풍을 막아주는 형상이어서 후포항은 꽤 아늑한 느낌을 갖게도 한다. 여기 와서 태백산맥은 해발 천여 미터를 다투는 백암산, 칠보산, 일월산 등의 크고 작은 준봉들을 세워놓아서 한낮이 조금 기울면 어느새 산 그림자가 발부리처럼 바다 속으로 구겨박힌다. 척박한 자연환경으로 사람도 땅도 생존의 거친 싸움에 길들여진 곳, 날마다 흉흉한 물결에 떠밀리면서도 한 발짝도 물러설 여지가 없는 곳, 파도에 목을 맨 부유의 생활이 간단없이 이어지는 그런 곳이 바로 내 고향인 것이다. 후포는 바다에 그물을 둘러치고 두 끝을 끌어당기어 고기를 잡는 어로방법을 뜻하는 후리 그물질이 성행한 포구라는 뜻일 것이다.

앞바다를 검게 물들이던 멸치떼

내 어릴 적만 해도 원양에서 쫓겨온 멸치떼들이 시커멓게 동네 앞바다를 물들이면, 마을의 선도(先導)가 동산에 올라서서 목청껏 고함을 지르거나 횃불을 흔들어 사람들을 불러모았다. 장정들이 그물을 실은 배를 부리나케 띄워 밀려온 고기떼를 가두면, 논밭에서 일하다 말고 뛰어온 사람들까지 남녀노소 할 것 없이 온 동네가 백사장으로 달려나가 그물의 양 끝을 끌어당겼다. 그물 폭이 좁혀질수록 찢어져라 요동치던 고기떼의 장관으로 내 어린 시절은 또 얼마나 생동했던가. 두레의 품앗이로 나눈 제 몫의 생선을 대바구니며 함지에 받아 이고서, 온통 비린내 나는 웃음꽃을 피우며 흩어져가던 마을 아낙들의 모습은 지금도 뇌리에 박혀서 생생하다.

   그 모래사장에서 여름밤이면 모기떼를 피해 멍석을 깔고 군용담요를 덮고 잠을 청하곤 했었다. 낮 동안 뜨거운 햇살을 머금고 달구어진 모래펄에 등을 대고 누우면 새벽녘까지 따스했다. 눈높이로는 숱한 별들이 반짝이고, 은하가 이마를 치고 귀밑께로 조금 더 기울면 어느새 선들바람 불어와 여름은 끝이 났다. 그런 동해도 어느 순간에는 광포한 힘을 간직한 무서운 풍랑으로 돌변하므로, 고향 사람들에게는 바다 자체가 외경의 대상이었다.

   어허 가래요
   그물코가 삼천리라 해도
   어허 가래요 걸릴 날이 있다더니……

   해마다 펼쳐지던 별신굿 마당도 잊을 수가 없다. 풍어를 기원해 동해안 유명 무당들이 모여 온갖 굿거리를 펼치던 사흘 밤낮의 그 축제. 그럴 적에는 나는 바다의 흥청스러움이 무작정 좋았다. 인근 산곡(山谷)의 마을에서 통학하던 급우들에게 괜스레 우쭐대고 싶어졌던 것도 그 탓이었을 것이다. 취락을 흩어놓으며 화전(火田)을 일구며 살아가던 저 태백산맥에 파묻힌 산촌들에 비한다면, 극지의 포구일망정 후포항은 얼마나 번성한(?) 곳이었던가. 좁은 국도를 따라 노선버스가 다녔었고, 산판의 통나무를 가공하는 제재소며, 소규모의 조선소, 통조림공장이며, 수산회사 등도 한두 곳씩 구색처럼 갖추어져 있었던 것이다. 창고를 개조해 만든 가설극장에서는 밤마다 영화를 상영했었고, 거리의 전파상은 스피커가 찢어져라 하루 종일 유행가를 틀어놓곤 하였다.

해돋이와 노을의 장관

원래 후포를 포함하여 울진군은 옛 고구려의 땅이었다. 조선조 말까지는 평해군과 울진군으로 나뉜 채 강원도에 복속되었고, 일제 식민지배 이후로는 두 군이 합쳐져서 울진군으로 통합되었다. 그러던 것이 저 서슬 푸르던 군정(軍政)의 1960년대에 갑작스레 경상북도로 행정구역이 변경되었다. 그곳 사람들 대부분은 생활의 편의를 들어 그 점을 다행스럽게 여겼다. 그러나 나는 아직도 심정적으로는 강원도 사람으로 자처하니, 이 무슨 쓸모없는 아집인가. 행정구역이 바뀐 직후에 고향을 떠나온 까닭에 내게는 경상도민으로 행세했던 기억이 별로 없다.

면소재지인 포구 쪽에서 보면, 나의 성장지였던 삼율리는 정작 거기서 한 마장쯤 서쪽으로 벗어난 곳이다. 서른 가구 남짓하게 촌락을 형성해 반농반어(半農半漁)의 한촌을 이룬 그곳은, 내 고향의 옛 지명으로는 '밤투'라고 불려졌었다. 상밤투, 중밤투, 하밤투로 나뉜 세 개의 자연부락이 해변에서부터 반 마장쯤씩 상거하여 산곡을 끼고 흩어져 있었다. 그러나 지명과는 다르게 힘들게 넘어야 할 고개는 없었고, 밤이 유난했던 것도 아니었다. 큰물이 나면 곧잘 범람하던 '햇냇거랑' 건너에는 전쟁고아를 모아 시작했던 보육원이 있어서, 급우였던 원생을 찾아 거기 가서 놀기도 했었다.

　휘어진 만곡을 따라 조금 더 남쪽으로 내려가면 강원도와 경상북도의 옛 도계였던 지경이 나오고, 영덕 땅인 병곡, 백석, 송천, 대진의 가물거리는 백사장이 긴 띠처럼 펼쳐져 있어, 희게 굽이치는 해안선과 아득하게 내닫는 산맥을 한눈에 볼 수 있었다. 그 가물거리는 능선이 굴곡진 만(灣)을 이루어 다시 심해 쪽으로 곶을 만들어놓은 곳이 축산이다. 후포에서 보면 축산 곶은 작은 섬처럼 돌출해 있다. 산맥과는 끊어질 듯 연결되어 있지만 겨울날의 추위 속에선 덩그렇게 물 위에 뜬 섬으로 비쳐지기도 한다.

　이같은 지형 탓으로 후포는 해돋이나 일모(日暮)의 노을이 장관을 이룬다. 바다 속에서 해가 뜨고 일찍 박모(薄暮)가 찾아드는 까닭에 노을이 곱기도 하거니와 어느 곳보다도 오래 지속된다. 물결에 반사되는 노을을 보노라면 헤아릴 수 없는 은침 금침들이 낱낱의 바다에 꽂혀 순간순간 파동치는 듯한 착각에 빠져들기도 한다.

　포구에서 다시 고샅길을 돌아 후미진 동네의 골마루로 빠져 동쪽으로 나아가면 한 마장쯤 되는 곳에 수십 길의 깎아지른 절벽이 수직으로 물 속에 곤두박여 있었다. 고향의 지명으로는 '물치'라고 부르는 곳이다. 물치란 샘이 솟는 곳이라는 뜻이다. 바다에 연해 있는 바위 틈서리에서 수량이 풍부한 지하수가 솟아나, 민물이 귀했던 후포에는 예전부터 좋은 빨래터가 되어주었다. 동네 아낙들이 며칠에 한 번씩 여기에 찾아와 방망이 소리보다 더 떠들썩한 잡담으로 한나절씩 소일하다 돌아가곤 했었다. 지금도 여전히 샘물은 솟고 있지만, 삼십 년 전부터 석회석을 채석하는 공장이 들어서 경치 좋던 단애조차 송두리째 민둥산으로 뭉개놓고 말았다. 더구나 개량된 상수도며 세탁기 덕분에 이제는 그 먼 곳까지 빨래하러 갈 필요가 없어져버린 것이다.

　물치를 돌아 절벽 위로 난 길을 타고 몇 마장쯤 가면, 솔숲 사이로 해당화가 만개하는 거일과 직고개가 나온다. 유난스러운 해송들이 빽빽한 솔밭으로 이어선 해안선이 푸른 바다와 조화되어 절경을 이루고 있는 거기, 백암산에서 흘러내린 물이 내를 이룬 남대천이 바다와 만나는 하구가 있다. 바로 그 하구의 건너편 솔숲에는 관동팔경의 하나로 유명한 월송정(越松亭)이 솟아, 멀리 창랑을 조망한다.

　그리고 보면 후포의 인근에는 천혜의 관광지가 많다. 평해 남대천의 근원인 백암산 아래에는 백암온천이 있어서, 전국의 관광객을 불러모은다. 백암온천을 제하고도 망양정(望洋亭)이며 불영(佛影)계곡, 지하

금강이라 불리는 성류굴 등이 사오십 리 상거에 자리잡고 있으니, 이 일대는 가히 일급의 관광코스라고 할 만하다.

까마득한 백사장을 메우던 오징어 덕장

꼭 개발 탓만은 아닐 테지만 요즘 들어 이 벽지의 한촌들도 나날이 변해가고 있다. 인심이야 세월따라 흘러간다지만 무심한 자연조차 예스럽지가 않으니 고향을 추억하는 마음이 절로 무겁다. 삼율만 하더라도 어릴 때, 붕어며 미꾸라지를 잡던 앞뜰은 어느새 주택지로 바뀌었고, 은어나 숭어가 떼지어 올라오던 햇냇거랑은 상류가 저수지로 막혀 실낱같은 물줄기만 겨우 비치고 있을 뿐이다.

바다의 삭막함은 한층 더 심각하다. 배가 가라앉을 듯 고기를 가득 싣고, 만선의 깃발을 나부끼며 당당하게 포구에 들어서던 예전의 꽁치잡이 배들은 이제 찾아볼 수가 없고, 그 대신 턱없이 덩치만 큰 수십 톤씩의 대형어선들이 대화퇴며 남양에까지 가서 몇 주일, 몇 달씩 흩어진 어군을 찾아 헤매게 되었다. 가을의 오징어 철에는 두서너 시간의 배질로도 황금어장에 닿을 수 있어서, 밤이면 수평선 아득히 어화(漁火)로 불야성을 이루었는데, 요즈음은 울릉도 근해에서도 좀처럼 오징어떼를 만나기가 힘들다고 한다. 오징어를 건조하느라, 백사장이 온통 덕장으로 탈바꿈했던 것도 이제는 옛말에서나 듣게 되었다. 비싼 값으로 팔리는 대게들조차 심해에서 소량이 잡힌다 하니, 최신의 어군탐지기로도 바다의 흉년은 극복이 안 되나보다.

부두에 매인 채 빈 배들은 하릴없이 출렁거리며 출항을 꿈꾸고, 항구의 선술집들은 오래 전에 이미 관광객들을 상대하는 횟집으로 바뀌어 떠들썩하다. 가버린 세월은 언제나 풍요로운 것인가.

자연 그 자체가 되어 사는 사람들

바다는 늘 평온한 듯 보여도, 어느 순간에 돌변하는 광포한 힘을 간직하고 있다. 그래서 바닷가의 사람들에게는 바다 자체가 외경의 대상이다. 뱃사람들이 특별히 미신에 민감하다고 하여도 조금도 이상할 것이 없다. 그들은 인간의 무력함을 누구보다도 뼈저리게 체험하며 사는 것이다. 내 기억 속에는 어느 핸가 초겨울, 동네 앞바다에서 멸치를 잡던 배들이 갑작스러운 광풍노도로 목전에서 뒤집혀 그 가족들이 투신하듯 바다를 향해 울부짖던 모습이 지금도 또렷하게 각인되어 있다. 어촌에는 제삿날이 같은 집들이 흔하다. 바다는 그러나 또 숙명처럼 버티고 있기 때문에, 어촌 사람들은 흐르는 세월에 슬픔의 앙금을 닦으며 다시 바다에 삶을 건다. 자연이란 인위와 달리 인간의 분노가 닿지 않는 대상인 것이다. 스스로의 운명조차 바다에 붙인 채 살아가는 사람들은 그러므로 차라리 자연 자체라고 말해야 옳다.

지금 바라보니, 무섭게 여겨졌던 산골짜기들은 한낱 이름 없는 산모롱이에 불과했고, 몇십 리나 되듯 까마득하던 큰길도 결국 먼지를 뒤집어쓴 채 낡아가는 허술하고 한적한 항구의 비린내 물큰한 골목길에 다름아니다. 돌이켜보면 남루한 추억 때문에 고향이 쓰라리기는 했어도, 그 탓으로 마음이 허둥댄 적은 없었다. 해안의 이름 모를 바위와 소용돌이치던 물너울, 날마다 눈높이에 걸려 출렁거리던 수평선과 모래톱을 적시던 파도, 산비탈의 경사진 밭두렁까지라도 고향은 언제나 육화된 친화력으로 나를 끌어당겼다. 아무리 척박한 땅일지라도 고향은 거기 마음 댄 사람들에게는 언제나 따뜻하고 정감 어린 공간으로 남아 있는 것이다.

그렇다. 귓전에 부딪치는 해조음에 놀라 잠에서 깨어보면, 그 시간에도 캄캄한 밤바다로 어로를 떠나는 부지런한 발동선의 원동기 소리가 들려오고, 제철에 맞추어 어구를 준비하는 늙은 어부의 노역이 가물거리는 호얏불 밑에서 새하얗게 밤을 밝히던 곳. 무섭게 다가왔던 가난에는 언제나 속수무책으로 방기(放棄)되었던 사람들의 마을. 한낱 생존의 싸움에서조차 무기력하게 마침내 체념을 숙명으로 받아들이던 소박한 이웃들의 터전이 나의 고향이었던 것이다.

등대가 우뚝 서 있는 '등기산'에서 내려다보면, 예전의 축항과 비교가 안 될 정도로 후포항도 이제는 많이 변했다. 긴 석축의 방파제가 열 배나 더 되게 바다 가운데로 뻗었고, 그 끝에는 새로이 큰 등대를 세워 놓았다. 그러나 갈기를 날리며 성난 짐승처럼 달려드는 파도는 예나 다름없고, 그 포말에 부서지는 해안선에는 겨울을 나기 위해 찾아든 청둥오리떼의 쓸쓸한 물자맥이 여전하다. 부쳐 먹을 땅뙈기 한 뼘도 소유하지 못한 내 고향 사람들에게는 바다가 영원한 젖줄인 것이다.

 늙은 부모님이 혈육이라는 질긴 인연으로 그곳을 지키시는 한 고향은 언제나 아늑한 원형의 장소로 간직된다. 오만 가지 삶의 시래기와 얽혀서 적당히 탈색되거나 마모될 법도 하건만, 그곳에서의 추억은 파헤칠수록 망각을 거스르는 수많은 파편들로 쟁그랑거리면서 의식의 표면 위로 닦여 올라온다. 세월의 풍파를 견딜수록 더욱 생생해지는 기억들은 아무리 남루하더라도 현실적 분열과 차별이 없었던 시절 속에서 다시 갈무리된다. 마음의 울도 담도 없이 인정만 넘치던 장소, 어떤 새로움도 오래된 것과 통합되는 그런 곳이 고향인 것이다.

 '거일리' 산모롱이를 돌아서자 갑자기 짙은 해무(海霧)가 시야를 가로막는다. 오랜만에 만나는 지독한 바다 안개다. 동해를 스쳐온 습기가 태백산맥에 가로막혀 퍼져나가는 안개조차 척박한 이 땅에서 나는 어린 시절을 보냈다. 그때는 허기와 외로움에 젖었었다. 그리하여 시를 쓰게 되면서도 나의 의식은 삶의 변경에서 허둥댔었고, 미래가 없었고, 그다지도 막막했었다. 척박한 땅에 뿌리내리느라 앙상했던 줄기로는 어쩔 수 없이 누런 떡잎들을 피워올렸던 것이다.

(2004)

구름 속으로의 이장 移葬

> 아버지, 이제 태어나시는 아버지
> 산 그림자를 깔고 앉아 눈부신
> 흰 뼈를 추리면서
> 잿속에 그의 이름을 털어넣고 일어섰다.
> ―「移葬」중에서

느닷없이 이장(移葬)이라니! 그런데 이를 제재로 삼은 시편이 내게는 세 편이나 있으니. 세 작품은 물론 동일한 체험을 시화한 것이 아니다. 씌어진 시점이 다를 뿐 아니라, 그때마다 상이한 생각들이 배경이 되어 있다. 시란 아무리 동일한 주제를 변주한다 하더라도 작품마다 정황의 차별성이 스며드는 것이다. 아래에 인용한 시는 이장을 제재로 한 나의 첫번째 시편이다.

삽을 들어 산오리나무 밑둥을 파헤쳤다.
살은 썩어서 다시 집이 되는 흙 속에서
아버지, 이제 태어나시는 아버지

산 그림자를 깔고 앉아 눈부신
흰 뼈를 추리면서
잿속에 그의 이름을 털어넣고 일어섰다.

굽어보면 황천(荒天) 끝까지 바람을 섞고 있는 바다.
동해여, 한 가지 생각에 깊이 빠져서
내 기댈 곳 없을 때 서로 마주 서야 하느냐?
문득 조롱새 한 마리가
주르르 등덜미를 치며 흘러간다.

흘러간다, 눈의 가시를 비벼주며
적막할수록 한곳에 모이는 물소리.
나를 버린 고향 속에 숨어서
흐르지 않을 때 흐르는 시간.

얼굴을 문지른다, 청솔 사이로
얽혔다 풀어지는 산안개.
툭 불거지며 풀씨 하나가
스스로 제 몸을 털어 떨어진다.

아버지, 아버지의 모습은?

그리고 제 모습은?

마침내 나를 풀고 한 점 구름이

멀리 청운을 흩으며 떠나간다.

—「移葬」전문

    이 시는 내 첫 시집 『동두천』에 실려 있는 작품이니, 1970년대 중반쯤에 씌어졌다. 김현 선생이 세번째 시행, "아버지, 이제 태어나시는 아버지"라는 표현을 들어, "이 시구를 보면 시인의 아버지가 6·25를 전후해서 쫓기거나 총에 맞아 죽은 모양이다"라고 읽어내, 평론가 이숭원의 비판을 받기도 했었다. 이숭원은 김현의 비평을 논하는 글에서 이를 근거 없는 시 읽기의 한 사례라고 지적했던 것이다. 김현의 독해는 작품과 시인을 지나치게 미분화시킨 경우에 해당하지만, 그렇다고 잘못된 이해라고 말할 수는 없겠다. 작품 속에 나오는 이장의 실제는 아버지와 관련된 것이기도 하기 때문이다.

    내게는 요절하신 두 분 숙부가 계신다. 6·25동란의 와중에 며칠 간격으로 돌아가셨다. 그때, 우리 집안은 가족의 절반을 잃고서 몰락했고, 한 세대를 다 건너도록 암울한 분위기에서 벗어나지 못했었다. 인용한 작품에서, 무덤의 주인공은 오랫동안 내게 어렴풋한 그리움으로만 남아 있는 작은숙부시다.

    숙부는 일찍 결혼해서 거푸 딸을 낳았는데, "딸만 두어서 어쩔 것이냐"고 집안 어른들이 걱정하면, "무슨 말씀이세요? 형님께 아들이 많은

데" 했다더니, 말이 씨였던가. 전사하신 뒤로 홍역을 치러내던 당신의 막내딸까지 함께 데려가서, 아버지의 네 아들 중에 셋째였던 나는 혼자 된 숙모께 양자로 보내지도록 결정되었던 것이다. 그래서일까, 내가 중학교에 입학할 무렵, 어머니는 과부가 된 동서를 불러 수절하고 살려면 나를 양자로 데려가 키우라고 권한 적이 있다. 스물넷에 홀로 되신 숙모는 나를 맡아 기르는 것이 버거우셨던지, 끝내 고사하고 사촌누이 하나만을 의지하며 평생을 외롭게 살다 돌아가셨다. 그 당시 어머니의 생각은 숙부의 대를 이어드린다는 의무감보다는 그렇게 해서라도 나를 중학교에 진학시켜보려는 막막한 심사도 한몫 거들었으리라 짐작된다. 숙모는 돌아가신 숙부의 유족연금으로 근근이 생활했지만, 그렇더라도 아들 하나를 더 거둘 형편이 못 되었던 것은 아니었다. 양자로 삼진 않았어도 숙모님은 나를 바라볼 때마다 친아들을 대하듯 평생 각별하고 은근하셨다.

　어머니는 그 무렵에 갓 태어난 동생까지 남의 집에 양자로 보내려고 했으니, 그때의 집안 형편은 미루어 짐작할 수 있겠다. 입양하기로 한 고등학교 선생님 댁 사모님이 산실 밖에서 산모의 출산만을 기다렸었는데, 낳은 아이가 사내자 할머님이 막무가내로 거절해서 끝내는 울면서 돌아섰다고 한다. 할머니는 졸지에 여읜 슬하의 아들들이나 사위 때문에 사내아이를 쉽사리 내어줄 수 없었을 것이다.

　고등학교 일학년이었던 봄날에 나는 아버지와 함께 작은숙부의 산소를 이장했었다. 아버지가 나를 대동했던 것은 숙부의 양자 맞잡이로 여겼던 터일 것이다. 위의 시는 그때의 풍정(風情)을 표현했다. 그날따라 유난히 바람이 세차 바다가 하얗게 뒤집히던 날씨였다. 1960년대 초였으니, 숙부가 전사한 지 십 년 남짓 지난 후였다. 큰숙부는 시신을 수습하지 못해서 아예 무덤이 없었고, 광복 전해, 굴뚝을 고치다가 병을 얻어 돌아가셨다는 할아버지는 화장에 산골(散骨)이었는지, 산소를 본 적이 없다. 증조할머니 무덤을 빼고는 작은숙부의 묘소가 집안의 유일한 산소였었다.

숙부의 무덤은 얕은 골짜기로 들어서는 어름에 있었다. 남향으로 모셨지만, 시에 묘사된 대로 야산 오리나무숲에 둘러싸여 있었다. 아버지는 궂은일을 하는 인부 한 사람을 앞세워 산소를 허물고 시신을 수습했는데, 채 썩지 못한 검은 살점이 군데군데 붙어 있는 유골들은 검게 보였다. 묘소에 습기가 많아서인지, 유골들도 축축이 젖어 있었다. 수습한 유해는 그 자리에서 화장했고, 아버지와 함께 바다에 뿌려드렸다. 파도에 흩날리는 뼛가루를 보면서 나는 공연히 슬퍼졌으나, 숙부에 대한 실감이 많지 않았던 탓에 그다지 절절하지는 않았었다. 그럼에도 그 이장의 체험은 오래도록 내 기억 속에 각인되어 있었던 것이다. 작품에서는 회상의 정조를 현실시점으로 바꾸어놓았으니, 시 속의 화자는 이미 나이 어린 주인공이 아니다.

또다른 이장 체험은 아버지 산소를 둘러싸고 빚어진 최근의 경우다. 아버지는 일흔을 겨우 넘겨 돌아가셨는데, 당신의 유언대로 시골집의 동구에 묻히셨다. 묏자리 문제로 나는 몇 해 전부터 어머니와 이장을 상의해왔었다. 그 일을 시로 써본 것이 「구름 속으로의 이장」이다.

> 지난 겨울 몇 차례나 기함을 건너오시더니 어머님은
> 대뜸 이장 이야기로 오랜만의 아들을 돌려세운다.
> 올해는 손도 없다 하니 네 아버질 화장
> 시켜드리는 게 어떠니?
> 쑥밭과 싸우느라 봄 내내 기진하신 듯 한나절
> 나도 억센 뿌리들과 씨름한 뒤론 불볕
> 여름을 견디어내실 어머님
> 고혈압이 더 큰 걱정거리지만
> 그러므로 어디 쑥밭 무덤이 여기뿐이겠나……
> ―「구름 속으로의 이장(移葬)」 중에서

해를 두고 망설였던 그 이장이 작년 가을에 느닷없이 실행될 수밖에 없었다. 지난해 초가을, 나는 아버지 산소를 둘러싸고 특별한 경험을 했었다. 하도 공교로워서 아직도 나는 특별한 상념에 사로잡혀 있다. 산소가 뜻밖에도 수해(水害)를 입었던 것이다.

추석을 며칠 앞둔 초가을 아침에 나는 다급한 전화 한 통을 받았다. "부친의 묘소가 훼손되어 유골이 산실된 것 같으니 빨리 내려왔으면 좋겠다"는 고향동네 앞집 형님의 다소 황당하기까지 한 전화였다. 멀쩡한 산소가 훼손되다니! 그 형님의 말로는 간밤에 가벼운 태풍이 스쳐갔는데, 들에 이상이 생겼나 해서 아침 일찍 나가보았더니, 묘소가 흔적도 없이 사라졌다는 것이다. 전화를 받자마자 잠시도 지체할 수 없어서 급한 대로 작은형을 수소문해서 먼저 내려보내고, 나도 부랴부랴 뒤따라 내려갔다. 불행 중 다행일까, 하행길에 유해가 수습되었다는 전화를 받았다.

도착해보니 봉분은 흔적도 없고, 묏자리는 오륙 미터 깊이에 물이 소용돌이치고 간 흔적을 고스란히 간직하고 있었다. 물은 산에서 골짜기로 내리밀고 쏟아진 것이 아니라, 무덤의 끝자락에서 갑자기 솟아올라 그 아래쪽으로 협곡을 만들면서 토사를 씻어내린 모습이었다. 물이 빠져나간 자리는 깊은 골짜기를 연상시켰다. 유해는 석회관조차 벗어버린 채 입관 때 감아드린 명주올에 감싸여 가까스로 그 낭떠러지에 매달려 있었다. 묘를 깊숙이 도려낸 토사가 벼 이삭이 막 익기 시작한 위답 닷 마지기를 절반쯤 덮쳐서 흙더미를 퍼질러놓았다.

시골집의 궂은일을 도맡아 하시는 앞집 형님과 동네 장묘를 두루 꿰뚫는 이웃마을 이씨, 그리고 작은형과 함께 유골을 수습해 묘소 옆 잔디밭 위에 창호지를 깔고 모셨다. 한곳에 모아두어서인지 뼈마디들은 한지 한 폭에 오롯했다. 십오 년이라면 돌 같은 슬픔도 삭일 만한 세월이 아니던가. 지체 위에 얹어놓은 두개골의 휑한 모습을 보면서 나는 오히려 담담해졌다. 시간을 두르고 다시 태어난 유골들은 작은숙부의 그것처럼 검게 착색되어 있었다. 앞집 형님이 한마디 했다. "수맥 자리라서 그런지, 유골이 저러니 차라리 잘된 것인지."

그러고 보니 아버지 산소의 이장에는 어떤 공교로움이 있었다. 지난해 겨울, 나는 시골집에서 달포가량 칩거했었다. 거기 내려와 지내는 걸 알고 동향의 시인 전문호 선생이 직장인 고등학교 뒷산에 참나무를 벌목해둔 것이 있다면서, 갖다드리면 어떻겠다고 제안해왔다. 사랑방 아궁이에 군불을 지피는 내 모습을 보았던 것이다. 구정에 귀향하면서 지프에 싣고 온 바싹 말라 있던 그 참나무로 화장을 지폈으니!

수마(水魔)가 쓸고 가기 며칠 전에 막내누이가 아버지 꿈을 꾸었다 한다. 생시의 모습으로 나타나 "이사를 가려고 하는데 네 엄마가 저리 막무가내니, 혼자라도 떠나야겠다" 하셨다는데, 그 꿈이 영험일까. 지난 가을의 이장 체험을 떠올리며 근래 나는「세상 모르고 날았네」라는 작품을 썼다.

> 장작더미에 석유를 끼얹고 불을 지피니 연기는 지상의 것이라
> 너울너울 바람을 타고 수평선 저쪽까지
> 아득하게 명다리 펼쳤습니다
> 남매들은 한 움큼씩 뼛가루를 덜어
> 포말로 붐비는 바다 이쪽에 뿌렸습니다
> 돌아가시던 그해 결혼한 막내 여동생이
> "멀리 이사 가야 하는데 네 엄마가 저렇게 버티니
> 혼자라도 가야겠다" 하셨다는 며칠 전 꿈 이야기를 털어놓았습니다
> ―「세상 모르고 날았네」 중에서

돌아가신 아버지는 동란의 참화를 겪고 난 뒤, 서른몇의 한창 나이에 삶의 의욕을 놓아버렸었다. 해산한 어머니를 대신해 수금하러 나섰다가 쓰리꾼에게 장사 밑천을 주머니째 털려버리고 사색이 되어 돌아오셨던 아버지. 빚보증을 서서 전답을 허망하게 날리셨던 아버지. 고기잡이는 고사하고 농사일도 못 해서 반평생을 무위도식한 가장. 오로지 선량했던 사람. 마흔 해 저쪽의 나는 그런 아버지가 결단코 마음에 들지 않았다. 그런데 돌이켜보면 가족사의 불행이 내 시의 거름이 된 것은 아닐까 하는 생각이 떠오를 적마다 내가 흑암이나 파먹고 사는 상한 짐승처럼 느껴진다. 시인의 삶이란 우연일까. 그러나 시인이 될 수밖에 없는 운명은 필연이라고 하자.

(2005)

제2부 우연과 필연

우연과 필연 _ 나는 왜 문학을 하는가

> 스스로에게 못 박는 다짐은 멈추는 지점이 어디든
> 거기까지 시와 함께 흘러가자는 것이다.
> 정말이지 시의 운명에 내가 의탁하고 있다면
> 그것 또한 숙명인 까닭에 힘들게 지고 갈 수밖에 없다.

    문학이야말로 삶의 심연을 밝혀줄 구원의 길이라고 믿었던 적이 있었다. 그때, 열정은 신비한 것이며, 시는 어둠에 그어대는 성냥불의 순간처럼 환상을 현재화하는 기능을 갖고 있다고 생각했다. 시를 열병으로 앓았던 젊은 날들이었다. 안팎의 남루를 견뎌내야만 했던 고단한 시절이었다. 운명인 양 시의 길에 침윤되면서 나는 오래 갈등했었다. 시에 기대면 나도 남들과 함께 위무(慰撫)받을 수 있을까 하고.
    나의 시쓰기는 애초부터 질문을 넘어서는 곳에 자리하고 있었다. "붐비는 가을의 허전함, 그런 것들을 꿰고／새 한 마리 날아간다, 질문을 넘어서"(졸시, 「새」)라고 언젠가 노래했던 것처럼, 거기에는 한 실존이 스스로의 위엄을 지켜내려 애썼던 아득한 의지가 서려 있는 것이다.

그러고 보니 시를 향한 내 원초적인 그리움은 태생의 환경과도 무관하다고는 말할 수 없겠다. 바다와 산맥으로 가로막힌 내 고향 영동의 기막힌 자연과 척박한 사람살이, 유년 시절의 굶주림을 통해 일깨워진 본능적인 감각들. 무한도피에의 열망을 자극하던 가없는 바다, 동해. 일상으로 마주쳐야 했던 태생과 성장기의 바닥 모를 그리움은 습작기 이전부터 나의 시에 스며든 자양(滋養)과도 같은 것들이었다.

내가 처음 시와 대면했던 것은 소월(素月)의 창을 통해서였다. 6·25 동란을 겪으면서 몰락해버린 가세 탓에 나는 간신히 고향의 중학교에 진학할 수 있었다. 하지만, 제때 납부금을 못 내 시험을 앞두면 으레 교실에서 쫓겨나던 평범한 시골 학생에 불과했었다. 그럴 적이면 가방을 던져놓고 낚싯대를 들고 바닷가로 나가 하루를 보내곤 하였다. 중학교 이학년 때던가, 그 무렵에 입대했던 큰형이 고향으로 부쳐 보낸 책보따리 속에 섞여 있던 정음사 판의 『소월시집』을 발견하고서 호기심을 느꼈었다. 골방에 쭈그리고 앉아 얼결에 시집 한 권을 독파했던 그때의 심경(心鏡)에 비친 시의 표정은 부박(浮薄)의 삶을 비애 쪽으로 비끄러매는, 답답하고 알지 못할 어둠의 모습이었다. 그 정서는 우수의 본향과도 같은 막연한 갈증, 무어라 가닥이 잡히지 않아 어슴푸레한 윤곽으로만 그려놓은 영혼의 지형도처럼 보였었다. 형체만 있고 세부가 채워지지 않은 박명의 어스름, 곧 동해에 연한 태백산맥의 발치에 파묻힌 한갓진 어촌에 불과한 내 고향 땅에서 아침저녁으로 만나는 땅거미같이 신산스러운 기갈을 불러일으키는 그런 분위기였었다.

내 고향은 삶이 자연보다 척박할 수밖에 없는 곳이어서 유년이라고 해서 힘든 생존의 환경에서 열외가 되는 것은 아니었다. 눈만 뜨면 마주하는 동구 앞의 바다. 등뒤로는 태백산맥의 거대한 산줄기가 수직의 경사를 이루면서 가로막고 있어서, 파도가 길게 할퀴고 가는 협소한 해안 분지조차 마치 단애에 걸쳐놓은 선반처럼 위태롭게 느껴지는 곳. 그러므로 중학교 시절은 물론이지만, 오징어 덕장에 파묻혀서도 진학 때문에 갈등했던 고등학교 졸업반이 되어서까지, 문학에 대한 나의 지각은 소월이 닫아버린 창 저편에 갇힌 그대로였다. 그 시절에 나는 글 쓰는 방면으로 입지를 세워보겠다는 등의 포부는 갖지 않았다. 오히려 가난에서 벗어날 수 있는 현실적인 선택이 무엇일까, 그런 생각으로 탈향(脫鄕)을 꿈꾸었었다. 그러고 보니, 시와 관련지어 나의 어린 시절은 그다지 값진 회상이 없는 것이다.

자라면서 나는 파괴되어버린 가계가 그 땅의 탓이라고 여길 때가 많았다. 따라서 그 폐허에서 미래를 본다는 것은 가당치도 않은 꿈처럼 여겨졌다. 더욱 견디기 힘들었던 것은 경제적 궁핍보다도, 동네 뒷산 둔덕이나 바닷가 모래사장에 혼자 앉았을 때 느끼게 되는 뼈저린 외로움이었다. 그 고립감은 이웃과 고향에 대한 애증을 증폭시키면서 갈망하면서도 동시에 벗어나고만 싶은 갈등의 골이 되었다. 돌이켜보면, 비록 시의 길에 가 닿겠다는 소망이 없었다 하더라도, 어린 날의 찌그러진 가족사 속에서 내가 품었던 탈출에의 열망은 이미 시인의 길을 예비하고 있었는지도 모르겠다. 앞날이 아득하고 막막할 때마다 눈높이에 걸려 출렁거리는 수평선을 바라보면서 내가 키웠던 상념들은 저 경계를 하루빨리 벗어나야 한다고 끊임없이 충동질하는 탈출에의 욕망이었던 것이다. 이런 낭만적인 동경이야말로 문학의 원형질이 아니던가. 훗날 시를 쓰게 되면서, 내가 그토록 극복해 마지않으려 했던 세상에 대한 이 호오(好惡)의 이중성은 그렇게 해서 알게 모르게 길러졌던 것이다. 그러므로 나의 시쓰기에는 처음부터 우연과 필연이라는 서로 길항(拮抗)하는 생의 추동력이 함께 자리잡고 있었던 셈이다.

나는 어렵게 고등학교를 마쳤지만, 집안 형편으로 대학 진학은 아예 포기했었다. 내가 일차 시험에 낙방까지 하고서도 후기로 대학에 진학할 수 있었던 것은 순전히 행운이었다. 그러나 입학은 했지만, 나는 한동안 전공인 국문학에는 흥미를 가질 수가 없었다. 덕분에 일학년 때는 낙제과목이 여럿일 정도로 학과공부에 소홀했었다. 우여곡절 끝에 이학년이 되면서 나는 조지훈 선생님의 '시론'을 수강했는데, 그때의 과제가 자작시 몇 편을 함께 제출하라는 것이었다. 난생처음 써보기 시작한 시에 매료된 그때부터 부끄러운 습작을 들고서 나는 지훈 선생님 댁을 드나들었었다. 신춘문예로 데뷔한 것은 습작기의 숱한 좌절과 방황을 거친 그 몇 년 뒤였다.

1973년에 나는 등용의 관문을 통과하여 초년의 시인이 되었다. 그러나 나는 언제나 막막했으며, 두려웠고, 버려져 있다고 느낄 때가 많았다. 돌이켜보면 내 초년의 시들은 실존의 참담함과 그 조건들의 불가해성에 닿아보려는 성찰의 한 방편으로 씌어졌었다. 첫 시집『동두천』에는 내 고향 영동의 자연과 그 속으로 부유(浮游)했던 성장기의 쓰라림, 그리고 어쩔 수 없이 내 성숙의 조건들이 된 시대의 간난들이 파편처럼 각인되어 있다. 「동두천」 연작과 「영동행각」 등을 비롯한 여러 시편들은 실존의 아픔으로 내지른 나의 절규였다. 상한 뿌리를 어루만져 스스로 위로받으려 애쓴 초기의 작품세계는 그러므로 벗어남과 끌어당김이라는 중첩되는 갈등들로 가득 채워져 있는 것이다.

나는 첫 시집 『동두천』을 상재하고 난 뒤, 상당기간 시를 쓸 수 없었다. 첫 시집의 주제이기도 했던 펼쳐야 할 사랑과 접히는 마음 사이의 간극이 너무 커서 차라리 시를 포기할까 고뇌하던 시기였다. 『동두천』을 엮은 뒤 칠팔 년간의 공백은 좁힐 수 없었던 그 간격들 때문에 방황했던 기간이었다. 그러고 보니, 낄 수 없는 세상, 벗어날 수 없는 세상에 대고 마음을 비비려 했던 젊은 시절은 스스로 고단하였다. 보이지 않는 마음의 등고(等高)를 쫓아 헤맸던 능선들은 또 얼마나 아득했었던가.

영영 시를 쓸 수 없을는지도 모른다는 강박만으로 급조된 두번째 시집 『머나먼 곳 스와니』를 엮고 나서 나는 객원교수로 일 년간 미국생활을 체험했다. 서부 사막지역에서의 그 칩거는 내 속에 덧난 상처가 무엇인지, 그것들을 발견하고 다스리려 발버둥쳤던 또다른 주제를 구체화시켰다. 그리고 상처들을 수락하고 받아들였을 때, 내 앞에 펼쳐졌던 것은 마음의 아득한 행로였다. 그것은 수많은 갈등이나 그리움들과 나란히 내 속에서 풍경을 이루고 있었던 것이다.

대단한 열정과 의도의 아로새김으로 현실을 극복하려고 애썼던 초기 시의 지향도 그렇지만, 마음의 본향을 바라보려 발돋움한 그 이후의 탐색도 줄곧 내가 뛰어넘으려 애썼던 내 성장과정들의 경험들과 맞닿아 있었다. 내가 경험한 세계는 결핍투성이였지만, 그 상처 또한 어릴 적부터 그래왔듯이 내 고향 동해 바닷가 파도의 정화력으로 다시 치유될 수 있다는 사실을 깨닫기 시작한 것은 오랜 시간이 지난 뒤였다. 상처 속에는 그것을 감싸고 정화시켜주는 자체의 힘이 있다는 것을 확인하고 느꼈을 때, 어느덧 젊음이 지나가고 있었다. 뿌리와 상관없이 자라는 나무가 없다는 것을, 문학은 삶의 여러 조건들을 너그럽게 받아들이며 펼쳐지는 것이라고 생각하기까지에는 상당한 시간이 필요했던 것이다. 그리하여 있는 그대로를 수락했을 때 마주쳤던 것이 마음의 아득한 풍경이었다. 그 풍경은 회의와 반문을 수없이 되풀이하면서 얻은 대가였던 것이다.

그러고 보면 나의 시쓰기는 애초부터 길 찾기의 한 모습이었다. 첫 시집 『동두천』에서부터 작년에 출간된 여덟번째 시집인 『파문』에 이르기까지 그 도정은 아직도 이어져오고 있다. 다만 연륜을 더할수록 삶의 표면으로부터 점차 마음속을 더듬는 내면화의 길로 바꿔져왔을 뿐이다. 내 시는 결국 실존의 지평을 확인하기 위해 마음의 목측(目測)으로 등고선을 긋고 삶의 변경들을 잇대놓은 신산스러운 자기 확인의 지형도에 다름아니었던 것이다. 그 지도는 계속 그려졌지만, 아직도 완성된 부분이 없다.

한동안 나는 실존 속으로 어쩔 수 없이 스며드는 적막이나 쓸쓸함 따위가 무엇보다도 시의 큰 자산이 아닐까 생각했다. 그리하여 타고난 외로움에 기댄 채 격절(隔絶)을 자초함으로써 시를 내 고립 가까이 매어두려고 했었다. 그러나 그런 생각들이 오히려 시의 맛을 떫게 만들지 않았나 반성이 되었다. 내가 기댄 것은 형체뿐인 시여서, 삶의 구체와 거칠게 접촉하는 과정에서 솟아오르는 생생한 감동을 기록한 것이 아니었음을 깨달았던 것이다. 마음의 움직임을 좇아가는 길이란 대개 일상에서 멀어진다는 점에서 감상적이기 십상이다. 그러므로 나는 내 마음의 흔적만을 전부라고 믿는 주관적인 인상에서는 벗어나고 싶었다. 진정한 시의 힘이란 사물에 삼투하려는 심상의 강렬한 조응으로부터 솟아오르는 것이 아닌가 하는 생각이 들었던 것이다. 그리하여 나는 어떤 신기(新奇)를 추구하기보다 체험의 직접성과 구체성에 가 닿는 정서들을 시로 모색했었다. 나는 무엇보다도 사물의 세부를 읽어내려고 노력했으며, 거기서 무엇인가를 붙잡아 그 구체를 열어젖히려 애썼다. 감동은 현실의 대지에서 자라고 그것을 경작하는 것이 시인의 몫이라 판단했던 것이다.

    시쓰기가 고통이면서 동시에 축복이 되는 삶이란 어떤 것이겠는가. 시쓰기는 예행연습을 거쳐 천천히 완성되는 기능의 세계라고 믿어지지 않는다. 우선 부딪혀야 하고, 무엇인가 붙잡아야 하고, 옮겨놓아야 한다. 이런 직접성과 현장성이 먼저 사물과 생각들, 그리고 그 느낌들을 함께 비끄러매며, 다양함과 다채로움을 경험하게 만든다. 마침내 거기에 의미를 부여해 시를 살게 한다. 이때 얻어지는 믿음은 마음의 완성된

지도를 갖겠다는 욕망이 아니라, 주어진 대상의 리듬에 따르겠다는 최초의 결의밖에 없는 것이다. 따라서 시인은 사물을 눈여겨보아야 하고, 그것들을 관찰하면서 새로운 직관과 상상의 공간을 이끌어낼 수 있는 시간의 여유를 벌기에 부지런해야 한다.

실존의 외로움에 오래 침윤된 사람일수록 더욱 깊게 사람살이의 감동에 빠져든다. 그러므로 시는 여전히 감염되기 쉬운 외로움처럼 살아가는 이의 실체적 감동을 확산시키는 실재라 할 수 있다. 시의 감동은 계몽적인 것이 아니다. 그것은 자체의 드라마를 거느리고 있으며, 논리를 뛰어넘어 마침내 폐부를 깊숙이 찔러오는 어떤 개입과 변화를 이끌어낸다. 그리하여 거기에는 어떤 진실과도 어울리는 자연스럽고 전율스러운 감동의 배합이 확인된다.

그렇더라도 나는 지금 살아가는 현실의 구체성들이 시의 전경에서 점차 사라져가는 모습을 안타깝게 지켜보고 있다. 어차피 우리가 후기 산업사회라는 삶의 파편화를 재촉하는 시대를 지나갈 수밖에 없다 하여도 마음의 지축들이 허무하게 무너져내리는 모습을 지켜보는 일은 너무 쓸쓸하다. 지금 내가 쓰고 있는 시라는 양식이 앞으로 어떤 변모를 겪게 될는지. 나머지 인생도 시에 기대야 하는 이 외길이 주체의 입장을 더욱 내밀하고 긴장되게 만든다. 나는 지금도 사람 사는 일과 시를 분리시키려는 어떤 시도도 바람직한 것으로 받아들이지 않는다. 우리들 삶을 진정성으로 이끌어가는 것이 시의 행로라면 시는 이전보다 더 확연하게 현실의 중심으로 파고들어야 할 것이다.

돌이켜보면 서늘하고 막막한 감동에 이끌려 시를 써보려고 결심했던 시점에서 나는 어느덧 서른 해나 더 멀리 흘러왔다. 우연히 시를 만나 그 파문에 마음을 적신 뒤, 나는 필연처럼 거기 투신했었다. 필생을 던져서라도 돌파하고 싶은 감동의 자리라면 누군들 회피할 수 있었겠는가. 그러므로 스스로에게 못 박는 다짐은 멈추는 지점이 어디든 거기까지 시와 함께 흘러가자는 것이다. 선택하지 않았어도 우리는 세상에 던져졌고, 시대를 살아왔다. 정말이지 시의 운명에 내가 의탁하고 있다면 그것 또한 숙명인 까닭에 힘들게 지고 갈 수밖에 없다. 헛되고 헛될 이 지상에서는 우리 모두 유한한 것들에 포섭되어서 함께 아름다운 것이 아니던가.

(2003)

스무 살 둠벙가에서의 낚시질

> 안으로 굽혀지는 마음 병든 몸뚱이들도 닳아
> 맨살로 끌려가는 진창길 이제 벗어날 수 없어도
> 나는 나 혼자만의 외로운 시간을 지나
> 떠나야 되돌아올 새벽을 죄다 건너가면서
> ―「동두천 1」 중에서

    이제는 너무 오래되어 둠벙 깊이처럼 웅숭깊어졌지만, 대학 시절을 생각하면 가슴에 새겨져 턱없이 또렷해진 추억 몇 가닥이 이어진다. 고등학교를 졸업할 무렵, 나는 집안 형편으로 대학에 진학한다는 것이 헛꿈만 같아서 일찌감치 포기하고 있었다. 가을 한철이면 오징어 덕장에 파묻혀 지내야만 했던 그 시절에는 어떻게 하면 고향을 벗어날까, 출향(出鄕)을 궁리하느라 나는 수없이 갈등했었다. 동갑내기 이종사촌을 부추겨 야행(夜行)을 감행했던 것도 그곳을 뿌리쳐야 한다는 어쩔 수 없었던 강박 때문이었을 것이다. 나는 고등학교 졸업을 두어 달 앞두고 무작정 상경했었다.
    혼자서 준비했던 입시에서 낙방했건만, 무슨 꿍꿍이속으로 다시 후기에 원서를 냈을까. 그리하여 나는 마침내 대학에 다니도록 마련된 행운을 실현했던 것이다. 목표로 했던 의대에는 떨어졌지만, 나는 우여곡절 끝에 고려대학교 국문학과에 입학할 수 있었다. 그러나 정작 나는 한 학년을 다 마치도록 의대로 진학하고 싶다는 열망을 접지 못했었다. 국문학에는 그다지 흥미를 느낄 수가 없었던 것이다. 덕분에 일학년 때에는 낙제과목이 여럿일 정도로 학과공부에 소홀했었다. 그때까지 나는 시인이나 작가가 되겠다는 포부를 가져보지 않았다. 현실의 궁핍에서 벗어나게 해줄 세속적인 출세를 막연히 꿈꾸곤 했었다.

  시를 습작하기 시작한 것은 조지훈 선생님의 '시론' 과목과 조우하게 되면서부터였다. 대학 일학년 때, 고학이 너무 힘에 겨워서 마침내 건강까지 해치게 되자, 차라리 현상을 있는 그대로 수긍해야겠다는 결심이 섰다. 그해 겨울에는 그나마 가정교사 자리도 잃어버려서 학업의 지속이 참담한 고민거리가 되었다. 서울생활이 견디기 힘든 곤혹스러움으로 다가왔던 그 무렵, 친구 집에서 며칠 기숙하면서 나는 닥치는 대로 소설들을 읽었다. 그때 누구의 소설 속에선가, 지문(地文)으로 섞여 있던 프랑스 시인 아폴리네르의 「미라보 다리」를 감동에 겨워하며 읽었던 기억이 지금도 새롭다.

    미라보 다리 아래 센 강이 흐르고
    그리고 우리들의 사랑도 흐르네
    내 마음속에 아로새겨오는 것

기쁨은 짐짓 고생 끝에 이어온다는 것을

밤도 오고 종도 울려라
세월은 흘러가는데 나는 여기서 머무네

    우여곡절 끝에 이학년으로 진급하면서, 나는 다급해진 학비나 해결하려고 장학금을 받을 요량을 혼자 속셈했었다. 그때 조지훈 선생님의 '시론' 수업을 듣게 되었는데, 선생님은 와병중이라서 한 학기에 한두 번 출강하시는 것이 고작이셨다. 따라서 선생님의 과목은 언제나 휴강이었다. 성적도 리포트로 대신했는데, 그 과제가 아리스토텔레스의 『시학』을 읽고 요약하는 것, 자작시 다섯 편을 써서 제출하라는 것 등이었다. 나는 과제를 해결하기 위해 시를 읽었다. 시에 관해 아는 바가 없었으므로, 되도록 많은 작품들을 읽으면서 작시(作詩)를 소화해보려고 애썼다. 괜찮다 싶은 작품을 만나면 노트에 수기(手記)를 했던 그때부터 나는 조금씩 시에 얽혀들었다.
    이듬해 신춘문예에 몇 편의 내 작품이 최종심에 오르는 바람에 시를 계속 써보려고 결심했으니, 시에 다가섰던 나의 업(業)은 아마도 우연이었을 것이다. 그렇게 찾아든 시마(詩魔)로, 마침내 나는 평생 시를 앓아야 하는 처지가 되고 말았다. 그 이학년 때부터 나는 습작을 들고 지훈 선생님 댁을 찾아다녔으니, 그건 또 어디서 솟아난 숫기였던가. 지훈 선생님과의 인연은 내 생애의 어떤 필연이었을까.

나는, 지금도 기억한다. 성북동 골짜기 선생님 댁을. 선생님이 칩거하고 계셨던 개울 건너 목욕탕 골목 끝의 누옥(陋屋)을. 대문을 두드리면 직접 빗장을 따주시던 기역자로 꺾인 기와집, 그 문간방 서재에, 오랜 병환으로 수척해지신 선생님이 홀로 계셨다. 거의 이 주에 한 번꼴로 조포(粗暴)하기 이를 데 없었던 습작품을 갖다드리면, 선생님은 전에 두고 갔던 시편들을 돌려주셨다. 일일이 내 습작품들을 챙겨 읽으시고, 제목이며 구절들을 꼼꼼히 첨삭해주셨던 것이다. 그때의 원고들이 언제 어떻게 산실(散失)되었는지, 지금 내 수중에는 남아 있지 않다. 너무 내성적이어서 부끄럼을 많이 탔던 나는 스승의 판단을 그때마다 여쭤볼 용기가 나지 않았지만, 선생님께서도 내 작품에 대해서는 구체적인 말씀을 아끼셨다.

기묘한 침묵의 첨삭지도는 거의 두 해나 지속되었다. 그사이에 해마다 신춘문예 최종심에 들기는 했지만, 나는 번번이 낙선의 고배를 마셨다. 대학 삼학년 겨울방학이었던가. 선생님께서는 동아일보의 신춘문예를 심사하고 계셨다. 그것도 모르는 채 찾아간 나를 곁에 앉혀놓고, 그해의 당선시를 읽어주셨다. 마종하 시인의 시였던가, 몸 둘 바를 몰랐던 것은 내 작품도 거기 투고되었던 까닭이었다. 당선작을 미리 귀띔해준 것은 쓸데없는 기대로 내가 마음 상할까 다독거려준 배려일 것이다.

마지막으로 선생님을 찾아뵈었던 것은 돌아가시던 해 2월이었다. 한 학년 위인 오탁번 형과 함께였다. 그는 그때 이미 신춘문예로 등단한 기성시인이었다. 지훈 선생님 댁을 방문하면서 나를 동반했던 것은 내가 습작시편을 들고 선생님을 자주 찾아뵙는다는 것을 누군가로부터 들어서였을 것이다. 우리는 그날 빈손으로 선생님 댁을 방문할 수 없어 '도라지 위스키' 한두 병을 마련했었던 것 같다. 그날 선생님께서는 그 싸구려 위스키로 우리를 응대하시고, 술기운 탓인지, 예의 굵은 바리톤으로 당신의 습작시 「월광곡」을 낭송하셨다. 그해 늦봄에 선생님이 돌아가셨으니, 아무리 철부지 적의 일이라 하지만, 아직도 민망함을 씻어낼 길이 없다. 선생님은 간경화에다 동맥경화까지 오랜 지병을 겹쳐서 앓고 계셨으니, 술을 드시면 안 되었던 것이다.

급조된 계기들이 만들어준 성급한 우연 때문이었을까. 첫해부터 신춘문예의 최종심에 오르자, 나는 섣부른 자만심으로 해마다 응모를 계속했지만, 그때마다 번번이 낙선의 좌절을 맛보아야만 했다. 제대로 된 습작기를 거치지 못했던 시의 무잡함이 깊이와 방법에 눈뜨지 못한 채 몇 년을 허송하게 만들었던 것이다. 지훈 선생님이 타계하시고 우연한 사건으로 학교에서 말썽을 일으킨 나는 대학 졸업은 겨우 했으나 서울에서는 있을 곳도 마땅치 않아 신문에서 오려낸 구인광고를 들고 무작정 동두천으로 찾아들었다. 다행히 그곳 학교에 국어교사로 취직이 되었다.

폭음과 자학으로 어설펐던 나의 선생 노릇도 시작한 지 반년 만에 입대하게 되어 끝이 나버렸다. 그리고 삼 년을 꼬박 채운 사병생활을 마감하고 제대한 것이 1972년 늦가을, 가판대에 놓인 신문마다 신춘문예 광고가 실렸던 그 어름이었다. 떨치지 못한 미련이었던가, 며칠간 급조해서 응모한 작품으로 운좋게도 나는 이듬해의 신춘문예에 당선하였던 것이다.

  데뷔한 뒤에도 나는 한동안 시를 관념으로 받아들였었다. 그러나 어느 순간에 반성이 왔다. 시인으로 살아간다는 것은 스스로의 삶을 사는 일이고, 주어진 시간을 생생하게 경험해가면서, 그 감응으로 나와 남들과 세상을 함께 이해하는 일이라고 믿기 시작했던 것이다. 그러자 특색없이 토로되던 관념들이 스스로의 삶조차 강박한다는 통절한 반성이 찾아왔다. 그러니까 시가 표피적인 감각에서보다 더 깊은 뿌리에서 움터나온다는 것을 뼈저리게 절감한 것은 정작 신춘문예에 당선된 뒤, 더 많은 방황을 거친 후였다. 나는 이전의 시들을 폐기하기로 결심했었다. 그런 생각들이 나로 하여금 '반시(反詩)' 동인을 결행하게 만들었다. 동인지의 선언문을 기초하면서 나는 삶과 시의 동일성이라는 주제를 깊이 생각했었다. 그리고 시로써 그것을 실천하고 싶었다. 그래서 씌어진 시편들이 「영동행각」이었으며, 「동두천」 연작들이었다.

    기차가 멎고 눈이 내렸다 어둠 속에서
    번쩍이는 신호등
    불이 켜지자 기차는 서둘러 다시 떠나고
    내 급한 생각으로는 대체로 우리들도 어디론가
    가고 있는 중이리라 혹은 떨어져 남게 되더라도
    저렇게 내리면서 녹는 춘삼월 눈에 파묻혀 흐려지면서

우리가 내리는 눈일 동안만 온갖 깨끗한 생각 끝에
역두(驛頭)의 저탄더미에 떨어져
몸을 버리게 되더라도
배고픈 고향의 잊힌 이름들로 새삼스럽게
서럽지는 않으리라 그만그만했던 아이들도
미군을 따라 바다를 건너서는
더는 소식조차 모르는 이 바닥에서

더러운 그리움이여 무엇이
우리가 녹은 눈물이 된 뒤에도 등을 밀어
캄캄한 어둠 속으로 흘러가게 하느냐
바라보면 저다지 웅크린 집들조차 여기서는
공중에 뜬 신기루 같은 것을
발밑에서는 메마른 풀들이 서걱여 모래소리를 낸다

그리고 덜미에 부딪쳐와 끼얹는 바람
첩첩 수렁 너머의 세상은 알 수도 없지만
아무것도 더이상 알 필요도 없으리라
안으로 굽혀지는 마음 병든 몸뚱이들도 닳아
맨살로 끌려가는 진창길 이제 벗어날 수 없어도

나는 나 혼자만의 외로운 시간을 지나
떠나야 되돌아올 새벽을 죄다 건너가면서
— 「동두천 1」 전문

    시는 결코 나와 동떨어진 곳에 있었던 것이 아니었다. 내게 다가온 사람살이의 실체적 구체성이야말로 한 시인으로서의 내 인식의 바탕이자, 내 시의 고유성이라고 나는 믿기 시작했던 것이다. 나는 내 시가 사람 사는 세상의 개별성을 더 생생하게 표현해야 한다고 생각했었다. 첫 시집은 데뷔 후에 쓴 많은 작품들을 죄다 버리고 어렵게 다시 모은 작품들로 엮어졌는데, 나의 이러한 다짐을 반영한 시집이다.
    이십대의 한 고비에서 나는 내가 선택했던 시 때문에 많은 것들을 팽개쳐버리기도 했었다. 시, 아무도 대수롭게 보아주지 않는 그것을 위하여 헌신하겠다는 열정이 없었더라면, 그다지 치열하게 열병을 앓아야 할 까닭이 있었을까.
    돌이켜보니, 시란 내게 있어서 스스로의 생을 점화시킨 불꽃 그 자체였다. 그러니, 내 삶의 밖에서 나를 어루만지는 운명의 손길이 나를 시인이라는 필연 속으로 밀어넣었다고 믿었을밖에!

(2005)

끝없는 출항

> 무수히 용서하라, 울면서 지켜보는 시대여.
> 비로소 우리는 오랜 정박의 닻을 올리고
> 순풍을 비는 출항제,
> 겨울의 부두에서 떠나고 있다.
> —「출항제出港祭」중에서

    데뷔작품을 제 시집에도 끼워넣지 못한(?) 시인이 나 말고 또 있을까. 나는「출항제出港祭」라는 시로 신춘문예에 당선했었다. 편집자의 요구로 오래 전에 덮어버린 이 작품을 새삼스럽게 꺼내본다. 어떤 사정이었기에 데뷔작이 시집에도 들지 못한 채 밖으로 떠도는가. 어쩔 수 없이 방외작(方外作)이 되어버린 혈육을 돌아보는 마음은 나도 편편치가 않다.

    「출항제」로 신춘문예에 당선된 것은 내 스무 살 고비에 끼어들어 몇 년을 두고 나를 서늘하게 만든 '신춘문예병'이 어느 정도 가라앉은 뒤였다. 충분한 습작기를 거치지 못한 채 급조된 열망만으로 성급했던 나는 대학 재학 시절에 몇 번 최종심에 들기는 했으나 끝내 등용이 될 수는 없었다. 어렵게 대학을 졸업한 뒤, 나는 동두천에서 짧은 교사생활을 경험했고, 입대하여 월남전쟁에도 참전했었다.

 시를 쓸 환경이 아니었던 군문을 나와 제대한 것이 1972년 늦가을, 일자리가 없어 빈둥거리다가 다시 신춘문예나 준비해야겠다고 생각했었다. 그해 12월 초, 작은형이 원양어선의 선장으로 출항하게 되었다. 가족들의 생계를 위해 기약 없이 배를 타야 하는 형을 무엇으로든 위로해주고 싶었다. 배웅을 하러 부산으로 내려가는 기차간에서 나는 「출항제」를 구상하고 매만졌다. 그 시가 뒤늦게 우송이 되어 당선작이 된 것이다.

  겨울의 부두에서 떠난다.
  오랜 정박(碇泊)의 닻을 올리고
  순풍을 비는 출항제,
  부두의 창고 어둑한 그늘에 묻혀 남몰래 우는
  내 목숨 같던 애인이여.
  오오, 무수히 용서하라 울면서 지켜보는 시대여.
  지난 봄 갈 할 것 없이 우리들은 성실했다.
  어두운 밤길을 걸어
  맨몸으로 떠나는 날의 새벽
  눈 내리는 세계,
  우리들의 항해일지(航海日誌) 속 뜨거운 체험으로 끼워넣으며 불손했고 쓰라렸던 사랑을 덮는다.

이렇게 시작되는 「출항제」는 내 삶의 실재이기도 했었다. 그러나 첫 시집을 엮을 당시의 생각으로는 시의성(時宜性)이 있다고는 해도, 그 심상이나 문맥이 상투적이라 판단되었던 것이다. 다시 살펴보아도 이 당선작은 생경한 관념과 수사적 의장(意匠)으로 뒤덮여 있다. 몇 년 뒤에 동인지 운동으로 내가 추구했던 '반시'의 구체성과는 간극이 있는, 외화적(外華的)인 빈사(賓辭)로 가득 찬 시편이라고 여겨지는 것이다. 이런 까닭으로 이 시는 『동두천』을 엮을 때 삭제되었던 것이다. 그 시집에서 밀려난 내 초년의 시편들은 비단 「출항제」뿐만 아니었다. 데뷔 직후 몇 년 동안에 쓴 수다한 작품들이 거기서 밀려났던 것이다. 미련 없이 누락시켰던 그때의 작품들을 새삼 다시 거둬들일 필요가 있을까. 그러나 그때의 시편들에도 내 젊은 날의 열정과 고뇌는 사무쳐들었을 것이다.

    이마 위에 솟는 피만큼 검붉게
    흉중을 헹궈내는 식솔(食率)이여,
    이제는 내 돛폭의 그늘에 마저 숨어라.
    신선한 믿음도 밑바닥이 보이잖게
    금린(金鱗) 밝게 떠도는 물빛, 아침의
    아아, 무한한 폐활량(肺活量).

우리들은 태어나지 않은 역사의 새로운 잉태 속으로 떠난다.
온 핏속에 또다시 떠도는 체험의
무수히 용서하라, 울면서 지켜보는 시대여.
비로소 우리는 오랜 정박의 닻을 올리고
순풍을 비는 출항제,
겨울의 부두에서 떠나고 있다.
　　　　　　―1973년도 중앙일보 신춘문예 당선작 중에서

　무려 육십 행이 넘는 이 긴 시를 통해서 나는 내 초년의 순수와 열망을 가감 없이 채색하고 싶었다. 신춘문예에 집착했던 것은 더는 화려할 수 없는 갈채가 거기 있으리라고 믿었던 까닭일까. 어차피 누릴 수 없는 행운이었다면, 시가 나의 길이 아니라고 판단했을 것이다. 그게 추천을 마다하고 신춘문예에 진력하게 만든 이유였을 것이다. 나는 이십대의 한 고비에서 시 때문에 열병을 앓았었다.
　시쓰기란 내게 무엇인가. 그 갈등은 견딜 만한 값어치가 있었던가. 나날이 시가 무화되어가는 시대 앞에서, 내 서정은 또 무슨 굴곡으로 마음들의 굽이에 사무치려 드는가. 어떤 위안조차 거기 내재하지 않다고 해도, 나는 시를 통해 가야 할 포구 어딘가 깜박거리는 불빛을 본다. 아직도 하릴없이 열정에 부풀며 방황에로 이끌린다. 그러니 나의 신춘문예 당선작 「출항제」는 내 시업 위에 돛폭처럼 펼쳐졌던 첫 날개인 셈이다. 마음의 세로(細路)를 따라가며 내 서정도 나날이 낡아갈 테지만, 끝끝내 그리워할 시가 있으므로, 나는 길 위에선 결코 멈춰 서고 싶지 않은 시인이다. 그러니 시로 향했던 출항은 오늘도 이어지고 있는 것이다.

(2000)

'반시反詩'_ 시대의 고뇌와 시의 삶

> 우리가 옹호하는 시는 언제나 삶의 문제에 귀일하는 것이고,
> 시의 바탕은 삶과 동일성으로 이해될 수 있으므로,
> 우리의 시는 잊혀져가는 사람들이 살아가는 사회 속에서
> 개성과 자유의 참모습을 되찾아내어 그것을 사랑의 위치로 환원시키는 일이며,
> 다수의 삶이 누려야 할 다양성을 옹호하는 일이다.
> ―『반시』 창간호 선언문 중에서

　매체의 증가와 지면의 확장으로 작품발표에 관한 한 오늘의 시인들은 바야흐로 행복한 고민에 빠져들었다. 그럼에도 동인지가 필요하다면 그것은 소수의 문학적 자긍심을 지켜나가려는 자발적 소외로서의 '운동'이어야 할 것이다. 웬만한 시인이라면 청탁을 일일이 소화해낼 수 없을 정도로 지면이 넘쳐나므로, 어쩔 수 없이 발표지를 찾아나섰던 예전의 구차스러움에서는 이제 비켜서게 되었다. 선별의 문제가 아니라면 발표매체 때문에 시인들이 압박을 받는 고립무원의 자리란 없다.

　그럼에도 동인지를 유지해야 할 유대와 열정을 갖는다면, 그것은 문학적 편향과 자존을 지키고 실천하는 집단활동으로서의 운동성일 것이다. 이념을 혼자서 옹호하기에는 역부족을 느낀다거나 너무 외로운 실

천이어서 뜻을 함께하는 사람끼리 힘을 응집해야 할 필요성이 절감될 때 동인이라는 울타리가 요청되는 것이다. 그런 의미에서 이념과 편견을 희석시키는 느슨한 연대의 동인활동에 나는 반대한다. 작품을 나눠 싣고 친분을 도모하는 매체로서의 동인지가 있어야 한다면, 친구들끼리 낭송회나 합평회를 가지면 될 일이요, 구태여 지면을 들먹이면서 끼리끼리 따로 묶일 필요가 있을까. 요즘처럼 헤아릴 수 없는 문학잡지들이 느슨한 연대의 동인지 성격으로 너도 나도 친교로나 지면을 펼쳐놓는 현실을 감안한다면, 문학적 친분을 위해 달리 또 동인지에까지 기대야만 하나.

　이런 실정이므로 나는 또 역설적이게도 제대로 된 개성적인 동인지의 출현을 고대해본다. 고금으로 소수의 사활을 건 운명적인 선택이 문학에서는 필요하고, 그들에 의해 새로운 문학사가 펼쳐지기를 바라는 것이다. 무릇 동인지 운동이란 끼리끼리의 문학적 이념과 편견을 실천하면서, 창조에의 열정을 격려하고 그 역동성을 고양시키는 활동인 까닭이다. 각자의 개성에 서로 참견하면서 보다 윗길의 이념과 문학성을 확장시키려는 괴로운 도반이 동인인 것이다. 비록 소수에 의한 운동일망정 그들의 문학적 자존심이 마침내 시대를 선도한다. 소신과 고집 때문에 스스로를 소외시켜, 간섭과 평판으로부터 자유로워지려는 이런 편견들이 굳세고 완강할수록 문학사는 쇄신되고 우리 시 또한 새로운 지평과 마주치게 되는 것이 아닐까.

우리가 옹호하는 시는 언제나 삶의 문제에 귀일하는 것이고, 시의 바탕은 삶과 동일성으로 이해될 수 있으므로, 우리의 시는 잊혀져가는 사람들이 살아가는 사회 속에서 개성과 자유의 참모습을 되찾아내어 그것을 사랑의 위치로 환원시키는 일이며, 다수의 삶이 누려야 할 다양성을 옹호하는 일이다. 아울러 우리의 시는 민중의 애환을 함께하며 역사의 소용돌이 속에서 찢겨버린 조국의 아픈 상처와 비장감을 어루만지는 데에 있다. 또한 우리의 시는 모든 관계의 이질감으로부터 동질감을 획득하는 데에 있고, 시인과 시인이 아닌 자의 구분을 지양하는 데에 있다. (……)

이러한 우리들의 신념이 '반시' — 결코 반소설이나 반연극 등에서 보이는 바의 상대적 개념으로서의 의미가 아닌 — 라는 이름으로, 민중의 차원 속에 동화하지 못한 오만한 언어에 대하여, 시의 본질인 정신보다는 수단일 뿐인 언어세공에 대하여, 우리가 살아온 역사의 맥락으로부터 이탈해버린 관념적 세계관에 대하여 부정의 입장에 서고자 하는 것이다.

—『반시』 창간호 선언문 중에서

지금 생각하면 다소 추상적이고 격앙된 강한 수사(修辭)에 실린 문맥이라고 느껴지지만, 위에 인용한 글을 나는 이십대 후반, 내가 근무하던 조교실의 책상 위에서 초안했었다. 이 초고를 동인들이 윤독하면서 '반시'의 이념으로 채택했고, 창간호에 실었다. 그 일도 어느덧 한 세대 전이라니! 우리 시사(詩史)의 격동을 살아온 시인이라면 나와 더불어 격세지감을 느끼기도 할 것이다. 이제 어느 누구도 이 실천적 유대였던 젊은 시인들의 자발적인 의욕과 사명감을 동감으로 받아들이지는 않을 것이지만, 당시에는 시와 삶의 자유를 향한 이만한 선언을 마련하는 일에조차 마음 졸이며 스스로 비장해졌어야만 했다.

동인지 운동은 경직되기 쉬운 문학에 개방과 이상의 활력을 불어넣는 열정이기도 하다. 그러므로 동인지 운동은 각각의 개성을 잃지 않음으로써 그 존립의 당위성을 넓혀가며, 다른 동인지가 도달한 봉우리와 함께 어울려 시대의 조류를 형성, 문학의 정신적 전통과 조우하면서 거대 문학사의 대행진에 참가하는 것이다.

주지하는 바와 같이 한국 현대시문학사는 여러 문맥에서 찬란한 동인지 운동과 만난다. 우리의 현대시사가 동인지와 함께 출발했다는 특수성을 떠나서라도 동인지 운동은 오랫동안 우리 시의 다양성을 확산시키면서 그 순수성과 혈통을 북돋운 자양이 되었다. 이런 기여야말로 문화상업주의와 대결하는 전위로서, 실험정신의 진원과 요람으로서, 우리 시사가 지켜낸 빛나는 전통이라 말할 수 있다. '반시'는 처음부터 그런 동인지 운동의 맥락 위에 서고자 노력했었다.

'반시'는 1976년 6월의 창간호로부터 사정에 의해『우리들 서울의 빵과 사랑』(1980년 11월호)으로 제호를 바꾸면서 발간한 5집 이후, 다시『반시』(6집, 1983년 11월호)까지 한 해도 거르지 않고 앤솔러지를 냈으며, 그때마다 문단이나 시 애독자들의 과분하리만치 비상한 관심을 받았었다. 한낱 과잉된 열정과 의욕뿐이었던 이 미미했던 동인지에 가해진 유형무형의 어려움까지 감안한다면 우리는 굴곡 심한 시대에 시의 소망과 고통을 우리의 언어로써 힘껏 끌어안으려고 애썼다.

'반시'는 활동을 지속하던 내내 동인지로서의 공동의 이념이 그 지나친 의욕으로 해서 동인 각자의 작품성과에 어떤 구속으로 나타나는 것을 경계했었다. 이념의 틀에 개성을 가두는 것은 오히려 동인지의 생명력을 퇴색시키는 것이라 믿었다. 그러나 함께 추구하는 시의 목표가 사라진다면 구태여 동인지를 존속시킬 기반 또한 무너질 것이라 생각했다. 그러므로 동인 각자는 이 개성과 보편의 조화와 균형에서 자신의 세계를 확보하려고 최선을 다했다. 스스로 나태와 자만에 떨어져 시간을 두고 동인지의 성격이 퇴색해버리는 경우를 극복하려고 동인들이 함께 긴장했었다.

그리하여 '반시'는 매호마다의 선언을 동인들이 숙고하며 의논하였고, 그것을 동인지의 모두(冒頭)에 게재했다. 창간호의 「시와 삶의 동질성 회복」을 위시하여 「시를 통한 민중과의 유대」(2집) 「문학상업주의에 대한 새로운 동인시대의 선언」(3집) 「위대한 단순성」(4집) 「공감을 위한 시의 정서적 기능 회복」(5집) 「현대시에 있어서의 우리말의 회복」(6집) 「오늘을 사는 시인의 자세」(7집) 「반시주의를 선언하면서」(8집) 등의 주장들은 우리 시의 구조적 병폐를 반성하면서, '반시'의 지향이 뚜렷이 표방되고 검증되도록 그때마다 내세웠던 권두언들이다. 동인들은 각자의 창작시를 통해서도 이러한 이념이 실천되도록 열정을 아끼지 않았던 것이다.

　이런 노력은 비단 창작시뿐만 아니라 매호마다 마련한 '흑인시인 특집'이나 '아프리카의 시' '오늘을 사는 시인의 사명' '70년대 시의 사회적 관심' '니그로 민요' '신예시인 작품집' '한국시의 반성' '서정시인 몇 사람' '80년대 시의 반성과 향방' '니카노르 파라 시선' 등 기성의 문학지들도 시도하기 어려운 기획들로 나타났다. 또한 기회 있을 때마다 문학 강연회, 시 낭송회 등을 주관하면서 시대와 문화가 어울리는 모습이 독자들에게도 공감되기를 집중적으로 부조했었다.

　'반시'는 출발 당시부터 동인들의 출입을 자유롭게 했다. 그것은 애초에 동인을 표방하면서부터 내세운 원칙이었다. 이념이 달라진 경우라면 탈퇴를 하게 했고, 누구든 동인 전체가 찬성한다면 신입 또한 임의롭게 했다. 사실 '반시'의 모태가 된 것은 『1973』이라는 1973년도 신춘문예 당선시인들의 동인지였다. 같은 해 신춘문예에 당선했다는 인연만으로 우리는 장르와 상관없이 자주 모였고, 시인들을 주축으로 '1973'이라는 제호의 동인지를 3집까지 펴냈었다. 그러나 시적 지향이 서로 다른 시편들로 동인지를 묶어야 한다는 현실이 마땅치 않아, 발전적으로 해체하면서 다시 조직된 것이 '반시'였다. 창간호에는 김창완, 정호승, 김성영, 이동순, 필자가 그 동인이었고, 2집에서는 이동순이 나가고 권지숙이 새 동인으로 참가했다. 3집에서는 김성영이 나가고 이종욱이 가담했고, 5집에서는 하종오가, 또 6집부터는 김명수가 새로운 동인으로 합세했었다.

달라졌던 것은 몇몇 동인이 탈퇴하고 새 동인을 맞이했던 사실만이 아니었다. 3집부터는 편집체제를 개방하여 동인들의 작품 외에도 다양한 경로로 좋은 시들을 소개하려는 기획을 실천에 옮겨, 신인들의 신작을 위시해 투고작품 중에서도 뛰어난 시편을 가려 동인지에 소개했다. '반시'가 배출한 신인으로는 박영근 시인이 유일하지만, 그럼에도 우리는 그 일로 자부심을 가졌었다. 우리는 한국 현대시가 자기 혼미를 떨치고, 참다운 삶과 역사 발전을 긍정하는 정신의 양식으로 건강하고 올바르게 구현되기를 진심으로 원했었다. 그리하여 활발한 신진대사를 지속함으로써 동인지의 활성화를 꾀하고, 초심이 흐려지지 않도록 최선을 다해 서로를 격려했었다.

'반시'는 '반시'가 표방한 이념이나 작업만이 한국시가 나아가야 할 바람직한 방향이라고 주장하지 않았다. 다만 우리 시의 난해성을 새로운 지평에서 극복하면서 문학에서의 개인의 자유, 인간 경험의 상호 유대와 화해, 그리고 인간 존엄이라는 인류의 이상 실현을 위한 공동선(共同善) 속으로 시대의 삶과 시를 통합하려고 의도했었다. 그리하여 함께 내세웠던 이념과 열정이 퇴색해지는 조짐이 나타나자 애초의 선언처럼 동인지 발간 자체를 중단하여 자발적인 해산의 길을 선택했다. 동인 각자가 마침내 자립의 길을 가게 된 것이다. 우리는 저마다의 지표를 내세운 또다른 동인지들이 새롭게 출현해서, 스스로의 개성을 지켜 우리 시의 다양성에 동참해주기를 바랐었다.

'반시'—당시의 참여나 순수의 흑백논리를 벗어나 있으며, 반(反)

예술의 차원을 떠난—는 그러므로 시대의 갈등과 환희를 기꺼이 끌어안으려는 의욕을 가졌던 도반들의 고뇌와 언술로 가득 차 있었던 동인지였던 것이다.

(2004)

첫 시집 『동두천』을 펴내던 무렵

> 서부 사막지역에서의 칩거는 내가 시를 쓰려는 까닭이 무엇인지,
> 그것을 자각하려 발버둥쳤던 또다른 시간들을 겹쳐놓게 했다.
> 낯선 땅에서 내가 발견한 풍경은 수많은 갈등이나 상처를 퇴적시키며
> 내 속에 펼쳐진 어떤 그리움이었다.

 첫 시집 『동두천』을 묶었을 때, 내 나이 서른셋이었다. 시를 지어보려고 작심했던 스무 살에서는 십수 년이, 일간지 신춘문예에 당선한 해로부터도 여섯 해가 지나 있었다. 등단 초년의 필자에게는 문학활동을 지원해줄 이렇다 할 원군이 없었다. 신춘문예로 데뷔하고서도 오랫동안 발표지면조차 얻지 못했던 것이다. 당시 문예지로는 이미 상당한 연륜을 쌓고 있었던 『현대문학』이나, 새로 창간된 『문학사상』, 계간지 『창작과비평』 등이 있었지만, 이들 잡지도 갓 데뷔한 신인들에겐 담장을 높인 문 안이었을 뿐이다.

 그 시절, 동병상련의 처지였던 김창완, 이동순, 정호승, 김승희 등과 함께, 데뷔연도인 '1973'을 표제 삼아 동인지를 발간했었다. 두 해에

걸쳐 세 번인가 동인지를 펴냈는데, 동인지는 당장에 시급했던 발표지면을 어느 정도 충족시켜주었지만, 나는 관념적인 진술에 치우친 내 시에 내내 불만이었다. 관념이 스스로의 삶조차 강박한다고 자성되었던 것이다. 나는 삶의 진정성 속으로 내 시를 이끌고 싶었다. 반대를 무릅쓰고 동인은 해체되었고, 생각이 비슷한 몇몇이 따로 모여 결성한 것이 '반시(反詩)' 동인이었다. 그러고 보니 동인지『반시』에 대해서도 몇 줄 언급해야 할 필요성을 느낀다. "우리가 옹호하는 시는 언제나 삶의 문제에 귀일하는 것이고, 시의 바탕은 삶과 동일성으로 이해될 수 있으므로……" 운운했던 창간호의 선언문을 초안하면서, 나는 시와 삶의 동질성 회복이라는 주제로 '반시'의 성격을 부조하려 했었다.「동두천」과「영동행각」연작시를 쓰던 무렵이었다.

문학과지성사에서『동두천』을 간행할 수 있었던 것은 내겐 분에 넘치는 행운이었다. 그 당시 문지(文知)는 신대철, 윤상규 등 신예들을 앞세워 '젊은 시인선' 시리즈를 막 출간하고 있었다. 그러고 보면 내 시집『동두천』도 애초에는 이 시리즈의 한 권으로 기획되었던 게 아니었을까 짐작한다. "젊은 시인 속에 이미 대가가 들어 있는 것이며, 대가들 속에 아직 젊은 시인들이 들어 있는 것이 문학의 현실"이라는 발간사가 뒤표지를 장식했던 '젊은 시인선'은 문지가 기획했다는 사실만으로도 신인들에겐 선망의 대상이었다. 그러나『동두천』은 문충성의『제주바다』등과 함께 '문학과지성 시인선'의 낱권으로 출간되었다. 출판사가 기획을 바꾸어버린 탓이었다.

시집이 나왔을 때, 내가 속했던 '반시' 동인들과 『문학과지성』 편집 동인들이 통의동의 작은 음식점에 모여 조촐하게 가졌던 뒤풀이는 지금도 기억에 새롭다. 1979년 10월 25일자로 초판 날자가 명기되어 있는 『동두천』은 출간 이듬해인 1980년 신군부의 등장으로 출판검열이라는 억지가 심해지자, 2쇄를 찍어내기가 껄끄러워졌다. 궁여지책으로 초판인 채 두어 번 더 펴내겠다는 전갈을 받았었고, 이 무렵 출판사가 통의동에서 아현동으로 이사하면서 지형을 잃어버려 새로 판을 짜겠다며 양해를 구해왔었다. 다시 조판한 시집에는 몇 군데 결정적인 오자(誤字)들이 살펴졌지만 바로잡는다 하면서 여태 실천하지 못했다.

당시의 시집 제목으로는 전혀 어울리지 않는 지명을 표제로 삼았던 것은 연작시 「동두천」에 대한 나의 집착 때문이었다. 나는 이 시집을 내가 살았던 개인사의 질곡으로 간주하고 싶었다. 사실 내 첫 시집은 창작과비평사에서 펴내기로 약속되어 있었다. 젊은 시인들의 동인지 『반시』에 실린 「동두천」 연작에 주목해서 신작시를 청탁하고 시집 출간까지 제안했던 것은 창작과비평사가 먼저였다. 당시 창비(創批) 편집실에는 '반시' 동인이었던 동아일보 해직기자 이종욱 시인이 교정 일을 보고 있었다. 이형은 나를 볼 때마다 "김형 알지, 김창완 형 다음이 김형 시집이야" 하고 다짐을 받곤 했었다. 굳이 문지에서 시집을 내려 했던 까닭은 '반시' 동인들의 작품집이 줄줄이 창작과비평사에서 기획되었던 탓이었다. 나는 '반시'의 다양성을 살리려면 다른 곳에서 시집을 내는 동인도 있어야 한다고 믿었었다. 아니다. 문지의 편집 동인이었던 김현 선생이 그 무렵 동인지 『반시』에 실렸던 「동두천」 연작을 읽고, 『문학과지성』에 정호승, 장영수의 시편들과 함께 「고아의식과 시적 변용」이라는 평문을 게재한 뒤, 내 첫 시집을 문지에서 내고 싶다는 전갈을 보내왔었기 때문이다.

『동두천』은 우여곡절 끝에 문학과지성사에서 출간되었지만 '문학과지성 시인선' 중에서는 그다지 주목받은 시집이 아니었다. 출간 이듬해 광주사태가 있었고, 나는 대학원에서 박사과정을 이수하던 중이었다. 첫 시집을 낸 뒤로 몇 년간 나는 시를 쓰지 못했다. 『동두천』의 언식이기도 했던 '펼치는 사랑과 접히는 마음 사이의 갈등'이 너무 커서 차라리 시쓰기를 포기하려고 했던 시기였다. 초년의 교수로 대학에 자리잡았던 1980년대, 나는 제대로 가르치고 연구하는 학자로나 세상을 살아보려 했었다. 1986년인가 학과의 문학 강연에 황동규 선생을 연사로 모셨는데, 돌아가시면서 불쑥 "김선생, 지금 시를 안 쓰면 결국 놓아버리게 될 거요"라고 한마디 툭 던지셨는데, 그 말씀이 너무 아프게 가슴에 와서 박혔다. 그러고 보니 십 년 가까이 나는 창작과는 담을 쌓고 있었던 것이다. 영영 시를 쓸 수 없을지도 모른다는 강박만으로 처음 습작을 할 때보다 몇 곱절 어려움을 겪으면서 회복기를 가져보려고 애를 썼고, 마침내 나는 두번째 시집인 『머나먼 곳 스와니』를 문학과지성사에서 펴낼 수 있었다. 시집이 간행되자마자 나는 강의객원교수로 일 년간의 미국생활을 체험했다.

서부 사막지역에서의 칩거는 내가 시를 쓰려는 까닭이 무엇인지, 그것을 자각하려 발버둥쳤던 또다른 시간들을 겹쳐놓게 했다. 낯선 땅에서 내가 발견한 풍경은 수많은 갈등이나 상처를 퇴적시키며 내 속에 펼쳐진 어떤 그리움이었다. 세번째 시집인 『물 건너는 사람』은 그런 마음과 등고(等高)를 이루는 내 수락과 체념을 배경으로 씌어졌다. 그러나 이 시집은 문지에서 발간되지 못했다. 당시 세계사 주간이었던 최승호 시인과의 약속으로 그쪽에서 펴낼 수밖에 없었다. 이 일로 오랫동안 문지에 미안한 심사를 떨치지 못했었다. 반년을 러시아에서 살고 돌아와서 펴낸 네번째 시집 『푸른 강아지와 놀다』에서부터 여덟번째 시집인 『파문』에 이르기까지, 이삼 년에 한 권씩 나는 문학과지성사의 도움으로 시집들을 묶었다. 출판사가 내게 베푼 과분한 배려다. 팔리지도 않는 시집을 내달라고 조르는 것도 몰염치한 짓이리라.

  돌이켜보니 일곱 권의 시집들을 한 출판사에서 출간하면서 사무실을 방문한 횟수가 손에 꼽을 정도다. 워낙에 낯가림이 심한 내성적인 성격 탓이다. 나는 사람들 앞에 나서는 일이 왠지 어색하고 멋쩍다. 지금도 그렇지만 익숙지 않는 자리에 서게 되면 얼굴부터 달아오르고 말도 심하게 우물거렸었다. 그러다보니 자연히 낯선 사람들과 교분을 나누어야 하는 처지를 스스로 회피하게 된다. 이런 모습까지 고려한다면 나는 문지로부터는 진심 어린 대접을 받아온 셈이다. 그쪽 지면에 지속적으로 작품을 발표해왔고, 한 번도 거절당하지 않고 시집들을 엮을 수 있었다. 문지에 대한 고마움은 내 시집을 줄줄이 엮어낸 출판사라는 단순함보다는 그쪽에서 출간된 양서들을 읽으면서 가졌던 충족감과 맞물려 있다. 청년에서 장년으로, 긴 세월 문지의 좋은 책을 골라 읽으면서 나는 내 시안(詩眼)을 밝힐 수 있었다. 서른 해를 동반해오면서 알게 모르게 힘입었고 길러졌을 내 속의 역량이야 어찌 감사하다는 한두 마디 말로 다 표현할 수 있겠는가.

(2005)

소금 속의 갈증

> 하나, 구워진 소금 어느새 썩는 살마다 저미며 뿌옇게
> 흐린 눈으로 소금바다 바라보게 하네
> 그 눈물 다시 쓰린 소금으로 뭉치려고
> 드넓은 바다로 돌아서게 하네
> ―「소금바다로 가다」 중에서

언제부터 내 시 속으로 소금이 흘러들었을까. 물과 모래라면 오래 전에 남진우가 그의 유려한 평문(「물과 모래, 바다에서 사막까지」, 『오늘의 시』 1992년 하반기호)으로 나를 감탄시킨 적이 있다. 그에 의하면 물과 모래가 내 시의 중심심상이라는 것이다.

고등학교를 마칠 때까지 나는 고향 바닷가를 벗어나지 못했으므로, 물과 모래는 말 그대로 내 무의식의 심층 속에 대표적인 물질심상으로 자리잡았을 것이다. 남진우는 내 시 속에서 유전되는 그것들의 물질성을 간파한 것이다. 그의 글에 의하면 내 시에서의 물은 모래의 변용이기도 하다. 그가 일깨워주기 전까지, 나는 그 사실을 미처 깨닫지 못했었.

나를 매료시킨 그 평문의 말미에서 남진우는 물과 모래에 곁들여 새

롭게 부상하는 소금 이미지에 주목하고,「소금바다로 가다」와「소금」 등 두 편의 시를 인용한 다음, 아래와 같이 결론을 맺는다.

여기서 소금은 시인의 기독교 신앙과 밀접한 관련을 맺고 있는 이미지이며 좀더 일반적으로는 인고의 상징이지만 '물/모래'라는 이 시인의 기존 상상세계의 연장이자 종합이라는 점에서 한층 각별한 의미를 띠고 있다. 상상력의 철학자 가스통 바슐라르에 의하면 소금은 '용해되고' '결정되는' 물질의 야누스 신이라고 한다. 그래서 그것은 대지와 물의 경계에서 작용한다.(『대지와 의지의 몽상』, 바슐라르, 삼성출판사) 즉 소금은 한편으로는 물의 유체성을, 다른 한편으로는 모래의 광물성을 포함하는 '중심적 존재'인 것이다. "존재를 중심으로 이끄는 것은 소금이다"라는 말처럼 시인은 소금을 통해 '농축된 실존'으로 거듭 다시 태어나기를 희구하고 있는 것이다. 그 소금은 '보이지 않'거나 아직 '되지 못한' 상태에 있다. 그런데도 소금은 어느새 화자의 육신 속으로 스며들어와 삶을 지속하게 만드는 원동력이 된다. 없음으로써 있는 이 소금의 상상력이야말로 물의 심연이거나 불모의 사막에 불과한 이 세상을 사는 시인으로 하여금 그래도 절망하지 않고 버티게 해주는 유일한 자양분일 것이다.

그의 지적처럼 소금 이미지는 그 뒤에도 나의 시세계에서 발전되었던가. 이 글을 위해 여러 권의 시집을 다시 살폈지만, 소금과 관련된 작품은 한두 편이 더 보태지고 있을 따름이다. 그것도 소금이 중심심상이라기보다는 인접된 소재로 차용되어 있다. 그럼에도 나는 지금 소금에 사로잡힌다. 내 시의 바닥에 깔려 있는 눈부시게 흰, 질펀한 소금더미를 상상한다.

어떤 심상은 한두 번의 돌출로도 한 시인의 시세계에서 구심력과 원심력을 구축한다. 지배적인 상징은 아니었지만, 소금이 내 시에서는 그러한 물질심상이 아니었을까. 지금까지 씌어진 몇 편의 시를 소금바다에 띄워놓고 나의 소금 체험을 더듬어보기로 한다.

내 고향 후포는 이름만큼이나 후미진 곳이다. 험준한 태백산맥이 반도의 한쪽으로 세차게 쏠리다가, 겹겹이 멈춰 서서 외줄기 해안선으로 동해와 경계를 세우고 있는 그 어름 어디에 자리잡은 작은 어항이다. 어릴 때 살았던 집에서 보면, 포말로 반짝이는 해안선이 은모래 밭을 거느리고 수십 리나 펼쳐져 있어서, 수평선의 눈금은 언제나 출렁이는 바다와 가파른 산맥으로 가로막히곤 하였다.

바다와 모래가 거의 동일한 비중으로 내 초기 시의 상상세계를 관류해온 바탕에는 이처럼 성장기의 자연환경이 음영처럼 드리워져 있는 것이다. 물은 물이되 마실 수 없는 물, 바다. 그 광활함과 광포함으로 늘 외경의 대상이 되었던 동해는 깊이 모를 심연을 동반하고서 줄곧 내 곁에 그렇게 있었다. 그 해안선을 둘러 띠처럼 길게 펼쳐진 모래사장 또한 물의 사막과 넘을 수 없는 산악의 완충지대로 여겨졌었다. 내 고향 영동의 물과 산은 건널 수 없다는 점에서 무의식의 사막으로 각인되었을 것이다. 고향을 벗어나고 싶다는 열망이 심층 어두운 곳으로 바다와 산을 잠재시키고, 동시에 모래사막을 포개놓았던 것이 아닐까.

    바다는 평온한 듯 보여도, 어느 순간에 돌변하는 광포한 힘을 간직하고 있다. 그래서 바닷가 사람들에게는 바다가 외경의 대상이다. 물이 어둡고 컴컴한 불순의 심상으로 자연스럽게 무의식 속에 가라앉은 까닭일 것이다. 그런 무의식이 아래의 시로 나타난 것은 아닐까.

    녹아서 짓밟히고 버려져서
    낮은 곳으로 모이는 억만 년도 더 된 소금들
    누구나 바닷물이 소금으로 떠다닌다는 것을 알고 있지만
    아무도 말하지 않는다
    죽음은 연둣빛 흐린 물결로 네 몸 속에서도 출렁거리고 있다
    썩지 않는다면, 슬픔의 방부제 다하지 않는다면
    소금 위에 반짝이는 저 노을 보아라

    죽음은 때로 섬을 집어삼키려 파도치며 밀려온다
    석 자 세 치 물고기들 섬 가까이
    배회할 것이다, 물 밑을
    아는 사람은 우리 중 아무도 없다
    물 속으로 가라앉는 사자의 어록을 들추려고
    더이상 애쓰지 말자, 다만 해안선 가득 부서지는

황홀한 파도의 띠를 두르고

—「바닷가의 장례」중에서

　깊이 모를 바다라면 또다른 체험도 있다. 여름 한철 바닷가에서 살다시피 했던 유년 시절, 아이들에게 바다는 먹이의 채집 장소였다. 하루 종일 소라나 조개를 주워서 허기를 면했던 바닷가는 놀이터일 뿐만 아니라 구량장(求糧場)이기도 했던 것이다. 그러나 그곳은 그다지 안전한 놀이터는 못 되었다. 해마다 한두 차례의 익사사고가 일어나 아이들을 공포로 몰아넣었다. 개헤엄을 배우면서 우리들은 뱃길을 트느라 육지에서 이백여 미터나 멀리 띄워놓은 방파제로 곧잘 헤엄쳐 건너갔었다. 사람들의 손길이 닿지 않아 그곳은 언제나 먹을 것이 흔했다. 겨우 헤엄을 배운 아이들에겐 간단치 않은 거리여서 건너오다 지치면 등으로 누워 한참 동안 숨 고르기를 해야만 했었다. 물 밑을 들여다보면 바닥이 보이지 않는 컴컴한 깊이로 오싹 무서워지던 그 공포를 그때 우리는 짐짓 즐겼을까. 죽음을 동반하고 있을 수로를 벗어나면 무사히 건넜다는 안도감에 온몸이 짜릿해졌었다. 겨우 겨우 건넌 뒤 햇볕에 몸을 말리노라면, 버석버석한 소금기가 새까매진 살갗 위에 흰 띠를 두르곤 했다. 어쩌다 숨이 차서 들이켠 바닷물의 소태란!
　심연의 바다는 고등학교 일학년 때던가, 오징어잡이 배를 탔던 기억 속에도 컴컴하게 드리워져 있다. 오후에 출항한 배가 몇 시간의 항해 끝에 도달한 곳은 육지가 수평선 너머로 사라져버린 망망대해였다. 집어

등이 휘황하게 불 밝힌 뱃전에서 내려다보면 바다 속은 다만 시커멓게 보일 뿐, 바닥 모를 출렁거림을 거칠게 뒤치면서 작은 배를 휘감았다. 낚시를 드리우자마자 나는 심한 뱃멀미로 쓰러졌었다. 깨어났을 때는 이튿날 아침, 어느새 배가 항구로 들어서고 있었다. 그때 느꼈던 물의 공포가 결국 나를 뱃사람이 되지 못하게 가로막았다. 다시는 배를 타지 않겠다는 생각을 오랫동안 떨칠 수가 없었던 것이다.

바닷가 교회당도 내 유년의 추억 속에 빼놓을 수 없는 장소의 하나다. 바다를 면한 낮은 산자락에 자리잡고 있던 그곳은 가파른 계단 위에 등대처럼 세워진, 작은 예배당이었다. 6·25동란 이후 집안이 쑥밭이 되자 가족을 책임지신 어머니는 뒤늦게 기댄 신앙의 힘으로 생계의 막막함을 견디려 하셨다. 어머니는 어떻게라도 식구들을 교회로 끌어내려고 안달이셨다. 다섯 살 때던가, 구호물자로 나눠준 전지분유를 얻으러 누님과 함께 갔던 것이 그 교회의 첫 출석이었다. 그 뒤로 나는 교회당 찬 마룻바닥에 지겹도록 꿇어앉았어야만 했었다. 어머니는 주일날만으로는 부족했던지, 아침저녁 가정예배로 끝없이 성경을 되읽게 했다. 이 태에 한 번씩 성경책을 윤독했었다면, 나는 몇 차례나 신구약을 통독한 셈이다.

교회와 성경을 통해 가라앉힌 무의식은 빛과 소금의 심상일 것이다. 성서 속의 비유는 그렇다고 치더라도 교회의 벽마다 구호로 붙여놓은 빛과 소금의 숱한 잠언들. 세상의 빛과 소금이 되어야 한다는 성경책의 주문과 어머니의 소망에 갇혀, 어쩔 수 없이 나도 소금(바다) 위에 반짝거리던 햇살들을 바라보았을까. 내가 오랫동안 지켜본 것은 태백준령을 잠근 채 스러지던 저무는 바닷물빛이었지만, 거기 녹아 있던 소금만은 오랫동안 내 무의식 속에 침잠하여 앙금의 단단한 결정(結晶)으로 맺혀졌는지도 모를 일이다. 소태의 소금은 상해버리기 쉬운 물고기의 방부제로도 뿌려진다.

> 저물도록 발틀 딛고 올라도 늘 자기 굴헝에 떨어지므로
> 꺼지지 않으려고 수차(水車)를 돌리는 사람, 저 무료한 노동
> 진종일 빈 허벅만 퍼올린 듯 소금 보이지 않네
> 하나, 구워진 소금 어느새 썩는 살마다 저며와 뿌옇게
> 흐린 눈으로 소금바다 바라보게 하네
> 그 눈물 다시 쓰린 소금으로 뭉치려고
> 드넓은 바다로 돌아서게 하네
> ―「소금바다로 가다」 중에서

바다와 교회, 이 두 가지가 내 체험 속에서 포개져 있다면 그 매개항은 소금이며, 매개의 장소는 바닷가일 것이다. 바닷가란 물과 모래, 소금과 햇빛이 겹쳐지는 경계선이 아니던가. 그곳은 또한 육지와 대양, 희망과 절망, 동경과 회한, 갇힘과 탈출, 찰나와 영원, 삶과 죽음을 함께 엮어놓는다. 경계의 인간, 그 중의적 갈등이 내 시를 접질려놓은 것도 따지고 보면, 내가 세상과 처음 마주친 곳이 바로 바닷가였던 탓일 것이

다. 물과 모래와 소금은 나에게는 선험적 인식에 가까울 것이므로, 어쩔 수 없이 내 시의 물질 무의식을 형성하고 있다고 믿어진다.

  물과 모래, 소금이나 종교적 체험으로 얼룩진 심상 하나를 마저 떠올려보고 이 글을 끝내려 한다. 두번째 시집인 『머나먼 곳 스와니』를 상재한 뒤, 나는 교환교수로 미국 유타 주의 브리검 영 대학에서 한 해를 보냈다. 유타는 로키 산맥으로 둘러싸인 중서부의 오지, 고산준령 사이에 분지로 펼쳐진 사막지대다. 미국의 이교도인 몰몬이 세운 브리검 영 대학은 종교적인 분위기로 독특한 학교였다. 유타에는 중동의 사해(死海)처럼 소금물로 채워진 드넓은 호수가 있었고, 사막지대지만 군데군데 침엽수림으로 둘러싸인 아름다운 협곡 호수들이 산재해 있고, 그 수면 속으로 그늘을 드리운 흰 눈을 이고 있는 드높은 산정이 솟아 있었다. 그곳 학생들에게 우리 문학을 가르치는 수업의 부담이 끝나면, 나는 틈나는 대로 주변을 여행했었다. 끝없이 펼쳐진 사막과 소금호수를 바라보며 구상된 것이 「유타 시편」인 것이다.

    구릉 사이로 쏟아지던 만년빙하(萬年氷河)여, 눈 녹은
    호수에 쉬던 구름이여
    까닭 없이 막막하고 아득하지만
    내일이면 나도 여기에 있지는 않을 것이다
    그러나 둘러보면 저 실핏줄 같은 개울물도 눈가의
    소금길 씻어

먼 바다로 흘러가는 것을,
우리는 전인미답의 길을 밟고 가는 것은 아니다
다만 대양의 미로를 잠시 잊었을 뿐, 물냄새로
제 길을 거슬러 고단하게 가고 있는
연어들의 떼
그러니 마음을 연결하고 이끄는 것은 눈에
보이는 길이 아니다
끊길 듯 세로(細路)를 이어 별들과 별들 사이로 벋어 있는
성층 위의 한 겹 하늘, 위로 또한 물, 겹겹이
적시고 건너야 할
얽히고설킨 길들만 여기 서서
저문 뒤에도 오래 바라볼 뿐!

—「유타 시편 5」중에서

　노을이 장관이던 일모(日暮)를 배경으로 사막이나 호숫가에 서면, 나는 내가 어디서 와서 어디로 가고 있는지, 속절없는 운명의 형식과 존재의 내밀로 하여 치가 떨리도록 외로움에 사로잡히곤 했었다. 알 수 없는 갈증으로 수도 없이 들이켰던 울음들. 울음도 필경은 소금일 터이다. 호수의 한켠으로 산더미같이 긁어놓은 소금더미의 산. 어릴 때 풍비박산의 가계 속에서 어머니는 저 흔하디흔한 소금으로 나를 세상에 뿌려놓고 싶어하셨었던가. 그때에도 나는 물과 산과 사막으로 가로막

제2부 우연과 필연　115

혀 숱한 갈증을 느꼈을 터이고, 그 갈증을 부채질한 것은 소태같이 쓴 세상이었을 것이다.

(2000)

노을 바다의 장엄

> 바닷가 황혼녘에 지펴지는 다비식의
> 장엄함이란, 수평을 둥글게 껴안고 넘어가는
> 꽃수레에서 수만 꽃송이들이 한 번 활짝 피었다 진다
> ―「다시 바닷가의 장례」 중에서

바닷가에 고향을 둔 사람들은 생과 사의 고리를 어쩔 수 없이 바다에 이어놓고 산다. 태생의 바다는 그만큼 원초적인 감수성을 강렬하게 자극하는 것이다. 나는 동해의 한적한 바닷가 마을에서 태어나, 수평선을 바라보며 성장기를 보냈다. 유소년기의 체험들은 알게 모르게 무의식에 깊이 각인되는 것. 따라서 바다와 관련된 시편들이 나에게는 유난히 많다. 「다시 바닷가의 장례」도 그중의 한 편이다.

> 내가 이 물가에서 그대 만났으니
> 축생(畜生)을 쌓던 모래 다 허물어 이 시계 밖으로
> 이제 그대 돌려보낸다

바닷가 황혼녘에 지펴지는 다비식의
장엄함이란, 수평을 둥글게 껴안고 넘어가는
꽃수레에서 수만 꽃송이들이 한 번 활짝 피었다 진다
몰래몰래 스며와 하루치의 햇빛으로 가득 차던
경계 이쪽이 수평 저편으로 갑자기 무너져내릴 때,
채색 세상 이미 뿌옇게 지워져 있거나
끝없는 영원 열려다 다시 주저앉는다
내 사랑, 그때 그대도 한줌 재로 사함받고
나지막한 연기 높이로만 흩어지는 것이라면
이제, 사라짐의 모든 형용으로 헛된
불멸 가르리라
그대가 나였던가, 바닷가에서는
비로소 노을이 밝혀드는 황홀한 축제 한창이다
　　　　　　　　　―「다시 바닷가의 장례」 전문

제목이 암시하듯이 이 시의 앞에 「바닷가의 장례」라는 작품이 놓여 있다. 그러므로 이 시는 동일한 표제로 씌어진 두번째의 시편인 셈이다.

내 고향 '후포'의 원래 지명은 '후리포'이니, 그물의 양 끝을 육지에서 끌어당겨 어로하던 '후리 그물질'이 성행하던 포구라는 뜻이다. 바다의 풍광이 내 시 속에 유난할 수밖에 없는 까닭이다.

초등학교 사학년 때던가. 마을 앞바다에서 겨울 멸치를 잡던 목선 몇

척이 갑작스레 불어닥친 광풍으로 뒤집어지고, 장정 여러 명이 떼죽음
한 사건은 어린 나에게도 큰 충격이었다. 지척에서, 사람들이 빤히 지
켜보는 눈앞에서, 죽음은 어부들을 놓아주지 않았다. 주검들은 며칠 만
에 잠수부에 의해 인양되었다. 바닷가의 장례와 관련된 또 한 가지 기억
은 우리 집안과도 가까웠던 중학교 음악선생의 갓 시집온 사모가 난산
끝에 아기와 함께 죽은 사건이다. 새댁의 주검은 화장으로 마감되었고,
장작더미를 쌓아 급조한 바닷가 화장터에서 혼절할 듯이 아우성치던
그 남편의 인화로 불태워졌다. 밤새도록 이글이글 타오른 끝에 이튿날
에야 비로소 숨지던 불꽃의 넋.

  그러나 바다는 그 흥청거림으로도 내 유년을 풍요롭게 했다. 한 배
가득 고기를 싣고 만선의 깃발을 나부끼며 수도 없이 좁은 항구를 들락
거리던 작은 동력선이며, 그때마다 왁자지껄 지펴지던 부둣가의 부산
스러움. 해마다 동네 공터에서 펼쳐지던 별신굿 마당도 잊을 수 없다.
포구의 안녕과 풍어를 기원해서 동해안의 으뜸 무당들이 모여 온갖 굿
거리를 펼치던 그 사흘 밤낮의 굿마당. 굿거리의 마지막 날이면 어김없
이 바다에서 죽은 사람들의 혼령을 불러와 위로하고 다시 넋배에 실어
바다로 되돌려보내는 의식이 베풀어졌었다.

  그렇다. 내 체험 속의 바다는 이처럼 삶과 죽음의 밑자리이자 그 영
원성으로 이어진다. 바다는 끝없는 출렁거림으로 상승과 하강을 되풀
이하면서 살아 있는 자들의 시간을 무화(無化)시킨다. 인간의 욕망도
결국은 기슭에 부서지는 파도처럼 한갓 포말이고 말 것이라고 깨달았

을 때, 저 도저한 허무란! 그러나 바다는 또한 날마다 궁륭 높이 해 수레를 밀어올려 그 좌절을 딛고 생생하게 실감되는 새로운 설렘 속으로 우리를 실어나른다. 그러므로 내게 있어 바다는 추동(推動)의 공간이자 침강의 공간이며, 열린 공간이자 닫힌 공간이다. 멀리 뻗어나가는 수평선은 이곳에 내가 갇혀 있음을 역설로 보여주면서, 한편으로는 어디론가 끝없는 동경으로 나를 이끈다. 삶의 모순된 국면뿐만 아니라, 그것의 날카로운 부딪힘을 통해 현존의 이중성과 생의 갈등을 뼈저리게 만드는 것이다. 그러므로 열리고 닫히는 저 파도로도 나는 내 실존이 설명되어지길 바랐다.

내 생의 망망대해 저 너머에 무엇이 있어 나를 기다리는지, 나는 그것이 늘 궁금했다. 바다는 그 막막함과 대조되는 자아의 왜소함을 생생하게 하면서, 한편으로 끝없는 열망과 그리움으로 나를 사로잡았다. 영욕을 모두 지워버려야 비로소 바다의 무한에 가 닿는 것일까. 인간이 누리는 시간이 유한할 수밖에 없다는 자각은 역설적이게도 아름다움이라는 미의식을 인간에게 되돌려준다. 바닷가 노을이 감동적인 것은 죽음과 재생의 신화를 체현시키는 시의 원형이 거기 깃들어 있기 때문이리라. 시야말로 발견과 참여의 형식으로 그 신화에 가담하는 것이 아니던가. 시인은 스스로가 선택하는 내면의 몽상과 동경으로 거기에 포섭된다. 억제할 수 없는 자유에로의 한 형식이 시라는 점이 이미 한 편의 신화다. 그러므로 시인인 나는 어쩌면 태어날 때부터 바닷가 그 장례식에 참석해왔던 것이다.

위의 시에서 나는 죽음과 삶, 어둠과 밝음, 갇힘과 탈출, 절망과 희망이 수없이 교차하는 바닷가를 내 식으로 노래하고 싶었다. 바다의 한 표상인 노을을 들어서. 그 노을은 내 태생지 동해의 풍랑, 까치놀을 채색하는 아침노을이 아니라 장엄한 소멸로 마모되는 서해의 낙조로 대신되었다. 낙조를 보려고 나는 얼마나 자주 태안반도며, 가로림만(灣)이며, 석문 방조제를 헤매고 다녔었던가.

출렁거림이 할 일의 전부란 듯이 저렇듯 고즈넉한 바다. 이 우주적 찰나의 어디에 내 모래알의 시간이 흔적을 남길 것인가. 바닷가 장엄한 장례식으로의 초대는 그러므로 인간으로 지음받은 이가 제 몫의 시간을 자각하고 영원으로 되돌아가는 의식(儀式)에의 참가다. 적막한 소멸을 앞두고 벌어지는 화려한 축제를 지금 우리 모두 황홀하게 지켜보고 있지 않느냐. 살아 있다고 느끼는 순간만큼 현현하는 것들이 새롭게 보이는 때는 없다. 그 새로움은 내가 그렇게 느끼는 실감 이상으로 언제나 내 가까이에 있었다.

(2001)

제3부 내가 읽은 시와 시집

습작기에 만났던 『소월시집』

공부가 관심 밖이었던 그 시절에,
내가 만난 소월의 시들은
슬픔이나 가난, 죽음 등의 막연하고 막막한 감정을 일깨웠고,
시란 정서의 응혈로 이루어지는 어떤 세계라고 각인시켜주었다.

중학교 이학년 때던가, 우연히 손에 잡힌 『소월시집』을 되풀이해 읽으면서, 그 또래의 소년들처럼, 나도 내 사춘기가 그리움, 사랑 등 막연한 감성으로 채색되어 있다는 것을 알았다. 서울에서 대학에 다녔던 큰형이 입대하면서 부쳐온 책꾸러미 속에 정음사 판의 낡은 『정본 소월시집』이 끼어 있었다. 소월의 대표작들이 망라되어 있었던 것으로 기억되나, 「못잊어」와 같은 작품들을 옛 철자 그대로 읽었는지는 분명치가 않다.

못니저 생각이 나겟지요
그런대로 한세상지내시구려
사노라면 니칠날잇스리다

못니저 생각이 나겟지요
그런대로 세월만 가라시구려
못니저도 더러는 니치오리다

그러나 또한끗 이럿치요
'그립어살틀히 못닛는데
어째면 생각이 떠나지요?'

동란을 겪으면서 몰락해버린 가세 탓에 나는 남들보다 한 달이나 늦게 간신히 고향의 중학교에 진학할 수 있었다. 그러나 납부금을 제때 내지 못해서 시험을 앞두고선 교실에서 쫓겨나기가 일쑤였다. 그럴 적이면 집에다 가방을 던져놓고 바닷가로 나가 낚시질하는 것으로 소일하곤 했었다. 공부가 관심 밖이었던 그 시절에, 내가 만난 소월의 시들은 슬픔이나 가난, 죽음 등의 막연하고 막막한 감정을 일깨웠고, 시란 정서의 응혈로 이루어지는 어떤 세계라고 각인시켜주었다. 그 무렵 한두 차례 교내 백일장에서 입상했던 경력(?)에도 불구하고, 나는 시인이 되겠다든가, 글 쓰는 방면으로 포부를 키워보겠다는 따위의 관심은 아예 갖지 않았었다.

오징어 덕장에 파묻혀서도 진로로 갈등했던 고등학교 삼학년 가을에, 나는 동급생이었던 이종사촌형을 꼬드겨 무작정 상경했었다. 그리고 그해 겨울을 동대문 근처 숭인동 산비탈의 이모님 댁에 어려운 더부살이로 기숙하면서 입시준비에 몰두했었다. 그러나 의대를 목표로 치른 입학시험은 보기 좋게 낙방으로 끝이 났다. 일순의 좌절을 견디고 나니, 차라리 격심한 갈등에서 해방되었다는 느낌으로 오히려 후련하기조차 했었다. 아마도 그런 기분으로 후기의 입학시험에도 응시했었던 것이리라.

의대가 없는 문과계만의 입시여서 장난삼아 지망학과란을 '국문학과'로 적어넣었었다. 그런데 그것이 내 인생의 지침을 돌려놓았던 것이다. 합격자 발표도 보지 않고 시골집에 내려가 있던 나에게 신문 호외지 한 장을 들고 고등학교 담임선생님께서 찾아오셨다. 거기서 나는 내 이름 석 자를 확인했다.

진학에 대한 열망보다 스스로의 설움으로 까닭 모르게 울며 지새운 그 일 주일 뒤에, 어머니께서 힘들게 입학금을 빚내오셨다. 나는 그 돈을 보자기에 싸서 맨살에 차고, 단신으로 상경했었다. 그때부터 힘에 부쳤던 대학생활이 시작되었다. 뒷돈은 더 바랄 형편이 아니었으므로, 나의 대학생활은 글자 그대로 고학(苦學)이었다.

대학에 입학한 뒤, 면학의 어려움보다 나를 더욱 갈등케 한 것은 전공에 대한 회의감이었다. 적성이 무어든 간에, 나는 내 형편을 고려한 전공을 선택했어야 마땅했다. 학교는 건성으로 출석했다. 그때까지 남아 있던 의대에 대한 선망이 재수 쪽으로 정신을 팔게 했었다. 강의시간을 빼먹기 일쑤였으며, 교실에 앉아서도 입시공부에 여념이 없었다.

대학 일학년 겨울에는, 그나마 가정교사 자리도 잃어버려서, 학업의 지속 여부가 참담한 고민거리가 되었다. 서울생활이 견디기 힘든 곤혹스러움으로 다가왔던 그 무렵에, 나는 친구 집에서 한 주를 기숙하면서 닥치는 대로 소설들을 읽었다. 그렇게 하릴없이 뒹굴다가 아예 고향으로 내려가버릴 작정이었다. 그런데, 그 한 주 만에 내린 결론은, 나는 결코 고향으로 내려갈 수 없다는 것이었다. 우선은 어렵게 입학금을 마련해주신 어머니 때문이었고, 또 거기서도 내가 할 일이 따로 있을 것 같지가 않았다. 무엇이든 이곳에서 내게 허락된 최선을 찾아야 하지 않겠는가 하는 결심이 오기처럼 엄습해왔었던 것이다.

　그 좌절을 딛고 어렵게 이학년이 되었을 때, 조지훈 선생께서 담당하셨던 '시론(詩論)'을 들을 기회가 주어졌다. 그 무렵에 나는 『소월시집』을 다시 만났다. 중학교 때 받았던 인상과는 또다른 소월의 시세계를 그 때 발견했던 것이다. 그의 시는 붕괴된 시대를 살아가는 실존의 지극한 모습으로 다가왔으며, 어두운 세계의 무너진 가치를 떠받치는 식민지 시인의 슬픈 내면으로 그리움(恨)의 미학을 아로새기고 있었다. 그리하여 세계 내적 삶의 이상에 참여할 수 없었던 한 개인의 생존이 도저한 절망감으로 나의 심금에도 절절하게 사무쳐왔던 것이다.

　그러나 소월의 시는 내 습작에는 큰 영향을 미치지 못했다. 그 무렵의 나는 젊은 신예들의 감각을 시의 방법으로 받아들이고 있었던 것이다. 다만 그의 시를 읽으면서 내가 걸어야 할 시인으로서의 길이 그리 간단치 않다는 것을 절감했었다. 대학 이학년 때부터 신춘문예 최종심에 올랐던 성급한 자만심도 소월의 시가 지닌 깊이와 방법을 제대로 읽어내지 못하게 만들었던 장애 중의 하나였다. 졸속의 습작들은 오랫동안 방황을 다시 치러야 하는 긴 공백을 이어놓았던 것이다.

  시가 표피적인 감각보다는 더 깊은 삶의 뿌리에서 움터나온다는 것을 뼈저리게 실감한 것은 대학을 마치고 뒤늦게 입대했다가, 삼 년 만에 제대한 뒤였다. 마감이 촉박해 급조한 시 몇 편으로 이듬해의 신춘문예에 당선하고서, 나는 새롭게 우리 시를 읽어볼 마음의 여유를 가질 수 있었다. 그리고 현대시를 전공으로 대학원에서 공부할 계기가 마련되면서, 나는 우리 현대시가 삶의 생생함으로부터 얼마나 먼 자리에서 씌어지고 있었던가를 새삼 절감하게 되었다. 그 와중에도 소월의 시는 여전히 절실하게 읽혀졌다. 그 동안 내가 미처 발견하지 못했던 뛰어난 미학적 성취까지도 조금씩 살펴지기 시작했던 것이다.

(1985)

재灰 위에 써보는 뜻 모를 회한

삶의 가파른 고비에 몰려 어떻게 살아갈까
스스로 고심이 될 때나, 물리칠 수 없는 어떤 회한이
마음을 아프게 물들일 적마다, 나는 이 시를 떠올린다.
그때마다 "내 뜻이며 힘으로" 생을 끌고 가기가
힘에 부친다고 느꼈을 백석의 자의식이, 그 고백이
어떤 전경이 되어 내게도 절절하게 사무쳐오는 것이다.

백석의 시를 처음 대했던 것은 대학의 전임이 되고서도 한두 해를 더 보내고서였다. 첫 시집 『동두천』을 상재하고 난 뒤, 나는 대학의 시간강사로 연명하느라 마음의 여유를 잃고 시쓰기조차 거의 폐업했었다. 1981년에 어쩌다 대학에 전임 자리를 얻었지만, 공부며 삶도 한껏 무력해져 시작(詩作)에는 아예 담을 쌓아버릴 작정을 했었다. 시를 쓰지 못한다면 공부라도 열심히 해서 제대로 된 문학선생으로나 살아야지. 그런 내게 보잘것없는 내 독서의 이력까지 들추면서 한 친구가 질책하듯이 내민 복사본이 백석 시집 『사슴』이었다.

그 몇 해 전에 누군가 내 시를 월평(月評)하면서 백석을 들먹이기도 했었지만, 사실 나는 그때까지도 백석이란 시인의 작품을 읽어보지 못했었다. 분단으로 인하여 그가 우리 문학사의 저편으로 잠적했다는 사실은 알고 있었지만, 무엇보다도 내 독서가 빈한하기 그지없었던 탓이었다. 시를 쓸 수 없었던 시름에 심신이 황막해져가던 그때, 그렇게 백석은 내게로 다가왔었다. 그와의 첫 대면은 전율이었다. 한 덩이 울컥 치밀어오르는 어떤 진정성과의 마주침이었다. 나는 세월을 격절해 떠도는 한 영혼과 거기서 마주쳤다. 내 시「동두천」연작처럼 어쩔 수 없이 분출되는 삶의 앙금들이 스스로 서사가 되어 펼쳐지는 낯설고 이채로운 세계를 거기서 만났던 것이다. 그러나 무엇보다도 어두운 시대를 헤맸던 그의 방랑이 내게도 쓸쓸한 회한이 되어서 다가왔다.

그리하여 나는 『사슴』에 실린 서른세 편의 작품들 외에 그의 시를 더 찾아내느라 골몰했었고, 한겨울 내내 도서관에서 신문이며 잡지 등속을 뒤지면서 보냈다. 그때 내가 찾아낸 작품이 쉰네 편, 『사슴』의 시편들과 합치면 얼추 백석의 시들을 망라한 셈이었다. 나는 백석의 시를 본격적으로 우리 현대시사에 소개해야겠다고 결심하고 서둘러 논문으로 정리했다. 그것이「백석시고」(1983년 5월)다. 그때까지 백석의 시는 간헐적으로만 읽혀졌을 뿐, 본격적인 연구대상이 되어보지 못한 채, 우리 현대문학사의 망각 속에 버려져 있었던 것이다. 백석의 시가 금서목록에서 해제된 것이 1988년이니, 논문은 그보다 다섯 해 전에 씌어진 셈이다.

어느 사이에 나는 아내도 없고, 또,
아내와 같이 살던 집도 없어지고,

그리고 살뜰한 부모며 동생들과도 멀리 떨어져서,
그 어느 바람 세인 쓸쓸한 거리 끝에 헤매이었다.
바로 날도 저물어서,
바람은 더욱 세게 불고, 추위는 점점 더해오는데,
나는 어느 목수(木手)네 집 헌 샅을 깐,
한방에 들어서 쥔을 붙이었다.

이렇게 시작되는 시「남신의주 유동 박시봉방 南新義州柳洞朴時逢方」은 8·15 광복 이후에 간행된『학풍 學風』이라는 잡지의 창간호에 게재되어 있다. 여러 정황으로 미루어보면 광복 이후에 씌어진 작품이라 판단된다. 그때 백석은 만주에서의 방랑을 끝내고 조국의 품으로 돌아와 있었다. 시에서의 '남신의주'와 '유동'은 지명인 것 같고, '박시봉'은 사람 이름이라 판단된다. '방(方)'은 어떤 방향을 나타낸다든가, 누구의 집을 가리키는 말로 쓰이므로 '박시봉방'은 '박시봉에게' 혹은 '박시봉의 집'이라는 의미로 풀이될 수 있겠다.(이숭원,『한국 현대시 감상론』, 집문당) 시는 편지의 형식을 빌려 자신의 생각을 전하는 모습을 갖추었다.

시에서 보면 화자는 아내, 집, 부모, 동생들과도 떨어져 "바람 세인 쓸쓸한 거리 끝에 헤매이었다"라고 술회한다. 백석의 다른 시에도 가족을 등지고 표랑(漂浪)하는 나그네의 정서가 짙게 나타난다. 그러므로 이 유랑은 시대의 어느 문맥에도 포섭되지 못했던 시인의 처지와 쓸쓸한 고뇌를 암시하는 표현이리라. 내게도 가족사의 굴곡으로 하릴없이 방황했던 쓰라린 젊은 날이 있다. 그때 뼛속까지 사무쳐왔던 외로움이란!

    이리하여 나는 이 습내나는 춥고, 누긋한 방에서,
    낮이나 밤이나 나는 나 혼자도 너무 많은 것같이 생각하며,
    딜옹배기에 북덕불이라도 담겨오면,
    이것을 안고 손을 쬐며 재 우에 뜻 없이 글자를 쓰기도 하며,
    또 문밖에 나가디두 않구 자리에 누어서,
    머리에 손깍지 벼개를 하고 굴기도 하면서,
    나는 내 슬픔이며 어리석음이며를 소처럼 연하여 쌔김질하는 것이었다.
    내 가슴이 꽉 메어올 적이며,
    내 눈에 뜨거운 것이 핑 괴일 적이며,
    또 내 스스로 화끈 낯이 붉도록 부끄러울 적이며,
    나는 내 슬픔과 어리석음에 눌리어 죽을 수밖에 없는 것을 느끼는 것이었다.

그러므로 이 시에는 부재의 시대를 거쳐가면서 어떤 미래나 이상으로도 위무받지 못한 채 추억이나 그리움처럼 투명하게 삶을 관조해보려는 시인의 체념적인 비애가 짙게 나타나 있다. 시대의 혼란과 궁핍 속에서 시인이 자주 생각한 것은 인간의 어리석음과 운명적인 슬픔이었

고, 그것을 깨닫고 받아들일 때에는 앙금처럼 가라앉는 슬픔이 남았던 것이다. 외로움을 견디면서 시인은 "어두어오는데 하이야니 눈을 맞을" 갈매나무처럼 다시 한번 초연하게 살아갈 것을 다짐해본다.

    그러나 잠시 뒤에 나는 고개를 들어,
    허연 문창을 바라보든가 또 눈을 떠서 높은 턴정을 쳐다보는 것인데,
    이때 나는 내 뜻이며 힘으로, 나를 이끌어가는 것이 힘든 일인 것을 생각하고,
    이것들보다 더 크고, 높은 것이 있어서, 나를 마음대로 굴려 가는 것을 생각하는 것인데,
    이렇게 하여 여러 날이 지나는 동안에,
    내 어지러운 마음에는 슬픔이며, 한탄이며, 가라앉을 것은 차츰 앙금이 되어 가라앉고,
    외로운 생각만이 드는 때쯤 해서는,
    더러 나줏손에 쌀랑쌀랑 싸락눈이 와서 문창을 치기도 하는 때도 있는데,
    나는 이런 저녁에는 화로를 더욱 다가 끼며, 무릎을 꿇어보며,
    어니 먼 산 뒷옆에 바우섶에 따로 외로이 서서,
    어두어오는데 하이야니 눈을 맞을, 그 마른 잎새에는,
    쌀랑쌀랑 소리도 나며 눈을 맞을,

그 드물다는 굳고 정한 갈매나무라는 나무를 생각하는 것이었다.

  삶을 달관하고 현실의 갈등을 고요하게 수긍하는 이와 같은 자기 성찰은 시인의 소극적이고 수동적인 세계관을 반영하는 것이기도 하리라. 그렇더라도 거기에는 울음에 적신 앙금 같은 다짐이 묻어난다. 그 결심이 안쓰럽고 절절해서 독자에게도 고스란히 감동으로 다가오는 것이다. 자아와 현실의 어긋남을 정직하게 바라보면서 그것을 체험의 독특한 구조로 형상화해낸 것이 백석 시의 특징이라면, 그러한 성취가 보다 진실한 울림으로 독자에게 스며드는 작품이 이 시편이라 하겠다.
  이 작품은 '나'라는 화자가 시화(詩話)의 중심에 등장한다. 시인의 자의식이 짙게 드리워져 있는 부분이다. 삶의 가파른 고비에 몰려 어떻게 살아갈까 스스로 고심이 될 때나, 물리칠 수 없는 어떤 회한이 마음을 아프게 물들일 적마다, 나는 이 시를 떠올린다. 그때마다 "내 뜻이며 힘으로" 생을 끌고 가기가 힘에 부친다고 느꼈을 백석의 자의식이, 그 고백이 어떤 전경이 되어 내게도 절절하게 사무쳐오는 것이다. 그리하여 나 또한 "어두어오는데 하이야니 눈을 맞을" "그 드물다는 굳고 정한 갈매나무"의 이상을 그려보곤 한다.

(2000)

나를 매혹시킨 신경림 시집 『농무農舞』

> 개인의 역사가 집단의 서사에 섞이고,
> 혼자만의 신명이 이웃의 심금에도 걸쳐지는 흥취가 없다면
> 누가 시를 쓸 것인가.

처음 써본 습작들이 신춘문예의 최종심에까지 오르자, 나는 열병을 앓고 회복하는 절차로 한 해씩을 고스란히 보냈다. 충분한 습작기를 거쳐 자연스럽게 익어가야 할 시쓰기가 급조된 열망만으로 성급했으니, 그 조포(早暴)가 제대로 된 시를 빚어내게 했겠는가. 대학을 마치기까지 끝내 좌절만을 거듭하다가 몇 달 동두천에서의 교사생활을 거쳐서 나는 입대하고 말았다. 다시는 시를 쓰지 않겠다고 결심하게 한 군복무는 월남전에까지 끌고 다니던 우여곡절을 끝으로, 삼 년을 꼬박 채우게 한 다음 1972년 10월 하순에 나를 다시 서울로 팽개쳤다. 가판대에 놓인 신문마다 신춘문예 사고가 실렸던 겨울의 초입이었다. 그 광고를 보고 나는 전극(電戟)에 끌린 듯 무심코 신문을 사들고 말았다. 그 지면에

한 편의 시가 실려 있었다. 신경림 시인의 「시외버스 정거장」이었던가. 지금 시집 『농무』를 펴서 다시 살펴보니, 작품 말미에 '1972 · 東亞日報'라 표기되어 있으니 틀림이 없는 것 같다.

> 을지로 육가만 벗어나면
> 내 고향 시골 냄새가 난다
> 질퍽이는 정거장 마당을 건너
> 난로도 없는 썰렁한 대합실
> 콧수염에 얼음을 달고 떠는 노인은
> 알고 보니 이웃 신니면 사람
> 거둬들이지 못한 논바닥의
> 볏가리를 걱정하고
> 이른 추위와 눈바람을 원망한다
> ―「시외버스 정거장」 중에서

그러고 보니 이 작품의 시법은 내게 익숙한 서정시의 방법이 아니었다. 사람 사는 일들을 생생한 화면으로 꾸며, 있는 그대로 전달하려는 색다른 화법을 구사하고 있었던 것이다. 말하자면 서사(敍事)가 시가 되어 리듬에 얹혀 있었다. 이런 이야기도 절실하게 전달할 수 있다는 사실이 나로 하여금 새로운 시 맛을 일깨워주었다. 이야기라면 나는 얼마나 절절한 사람이던가.

이로써 촉발된 억제할 수 없었던 충동으로 밤낮없이 시를 매만졌던 그 보름 사이에 나는 열 편 가까이 습작시를 썼었고, 12월 초 원양어선 선장으로 떠나는 작은형을 전송하러 부산으로 내려갔었다. 가족들 때문에 기약 없이 배를 타야 하는 형에게 바치기 위해 뒤늦게 써서 우송한 한 편의 시. 그것이 나의 신춘문예 당선작인 「출항제出港祭」였다.
　대학 재학중이었던 습작의 시기에 나는 신경림의 시를 만나지 못했었다. 그때는 아마도 시인의 휴지기였을 것이다. 그가 다시 시작을 재개하였을 때, 나는 군복무를 하고 있었다. 그러므로 「시외버스 정거장」이 그의 시와의 첫 조우였던 것이다. 그때까지 나는 정한(情恨)이나 관념들을 추상화시키는 전통서정이나, 젊은 신예들의 감각적 자의식 따위를 시의 방법으로 받아들이고 있었다. 그러므로 정작 가족의 서사를 시 속에 섞은 「출항제」도 시화(詩話)의 구체성보다는 생경한 관념을 직조해놓을 수밖에 없었던 것이다. 이야기로 시가 더 절실해질 수 있다는 사실이나, 한 시인의 시는 그가 겪은 체험의 집적(集積)만큼 작품으로 살아간다는 점을 제대로 자각한 것은 신경림의 시집 『농무』의 독서경험을 습작의 앙금으로 가라앉힌 뒤, 「영동행각」이나 「동두천」 연작을 쓰면서부터였다.
　『농무』는 내가 살아온 방식대로의 시 — 결국 그 결핍의 언어를 스스로 껴안을 수밖에 없다는 것을 뼈저리게 자각게 한 시집이었다. 습작기에 백석이나 이용악 등을 읽었었다면 신경림이 누구보다도 빼어나게 우리 시사(詩史)의 중요한 맥락을 되살려놓은 시인임을 일찍이 깨달았을 것이다. 백석을 읽은 것이 1980년대 초이니, 1970년대의 빈약한 내 독서경험으로는 신경림의 시세계가 홀로 우뚝해 보였었다.

> 우리는 협동조합 방앗간 뒷방에 모여
> 묵내기 화투나 치고
> 내일은 장날. 장꾼들은 왁자지껄
> 주막집 뜰에서 눈을 턴다.
> 들과 산은 온통 새하얗구나. 눈은
> 펑펑 쏟아지는데
> 쌀값 비료값 얘기가 나오고
> 선생이 된 면장 딸 얘기가 나오고.
> 서울로 식모살이 간 분이는
> 아기를 뱄다더라. 어떡할거나.
>
> ─「겨울밤」 중에서

이 시의 풍경은 1950년대나 60년대의 서사이므로, 시인보다 한 연배를 격절해 있는 나에게는 유소년 시절의 경험내용에 해당할 것이다. 그럼에도 이런 시가 그처럼 절절하게 다가왔던 것은 광산의 덕대로, 싸전이며 참기름방의 주인으로, 그것도 망쳐버리고 아주 일손을 놓았던 아버지가 만들어놓은 성장기의 고달팠던 집안 분위기 탓이기도 했었다. 파산한 가계를 지탱하러 포목을 싸들고 날마다 장터를 떠도신 나의 어

머니. 내 가족의 서사도 거기쯤에서 멈춰 서 있었던 것이다. 그러므로 독자인 나에게는 그가

> (……) 모두 함께
> 죽어버리자고 복어알을 구해온
> 어버이는 술이 취해 뉘우치고
> 애비 없는 애기를 밴 처녀는
> 산벼랑을 찾아가 몸을 던진다.
>
> ―「山1番地」중에서

라고 읊었을 때, 전혀 남의 이야기가 될 수 없었던 것이다. 그것은 나의 가족사였으며 내 이웃의 서사이기도 했다. 시가 표피적인 감각이나 모호한 관념보다는 더 깊은 삶의 뿌리에서 움터나온다는 것을 나는 비로소 실감하게 되었던 것이다. 그렇게 해서 나는 「동두천」이 쓰고 싶어졌고, 「영동행각」을 구상할 수 있었다. 진술과 묘사를 함께 교직시키면서 그야말로 나의 작품세계를 새롭게 개척하고 싶어졌던 것이다.

『농무』를 지탱하는 한 축은 서사를 유려하게 끌고 가는 활달한 리듬감이다. 그러나 나의 경우, 「동두천」이나 「영동행각」을 쓰면서, 힘들게 고백하는 고해성사가 독자들에게 쉽게 읽혀지기를 원하지 않았다. 내가 살아낸 만큼의 불편이 시를 통해서 생생하게 전달되기를 바랐었다. 『동두천』 전 편에 나타나는 껄끄러운 분절과 어기어진 리듬의 매듭들은

그러므로 내 방식대로의 호흡이었다.

　지금 내 책상 위에는 『농무』가 놓여 있다. 나는 이 시집을 백낙청 선생이 부쳐놓은 발문(跋文)대로 '민중의 사랑에 값하는 문학'으로만 읽지 않는다. 피폐한 삶의 한 고비를 오롯이 드러낸, 시대를 아로새긴 시집이라고 한정해서 말할 수는 없는 것이다. 거기서 나는 좌절과 상실에 부딪혀 새롭게 꿈꿨던 재생의 신화를 읽어낸다. 조각나고 흩어진 뼈들을 하나의 구심점으로 모으고, 거기에 생살을 붙여주려 애썼던 시인의 아픈 자각과 만나는 것이다.

　　　비료값도 안 나오는 농사 따위야
　　　아예 여편네에게나 맡겨두고
　　　쇠전을 거쳐 도수장 앞에 와 돌 때
　　　우리는 점점 신명이 난다
　　　한 다리를 들고 날라리를 불거나
　　　고갯짓을 하고 어깨를 흔들거나
　　　　　　　　　　　　　　　—「農舞」중에서

　이런 종류의 신명은 시의 화자가 소외의 현장에 서 있기에 더욱 구체적이다. 따라서 이 시에는 비참한 현실조차 적의로 채워져 있지 않다. 가난한 이웃끼리의 흥겨움이 시의 리듬으로도 흘러넘치는 것이다. 개인의 역사가 집단의 서사에 섞이고, 혼자만의 신명이 이웃의 심금에도 걸쳐지는 흥취가 없다면 누가 시를 쓸 것인가.

 그리하여 『농무』는 지금의 세태에도 절실하게 사무치는 노래다. 더구나 신명나는 리듬이나 서정으로 직핍하기 위해 거두절미하고 서사를 잘라 시 속으로 끌고 들어오는 그의 속수무책인 시적 방법 앞에서는 시사(詩史)를 익힌 후배 시인이라면 누구나 숙연해져야 할 것이다.

(2002)

말·현실·전통 _ 황동규 시의 세 가지 싸움

> 가지를 흔들던 미풍조차 떨쳐낸 자리,
> 그곳에는 시작과 끝이 없다.
> 떠남과 돌아옴이 지워진 무아지경인 것이다.
> 마침내 흘러가는 시간이 숨죽이는 그곳,
> 아마도 시인이 바라는 여행의 궁극은
> 그렇게 해서 끝이 나는 게 아닐까.

평해 남산의 내 고향집을 가장 많이 방문해준 지인(知人)을 말하라면 단연 황동규 시인을 꼽을 수밖에 없다. 울진은 워낙 궁벽한 곳이라, 마지못해 고향을 찾는 나에게조차 그 내왕 길은 적지 않은 부담이 된다. 황동규 시인은 무려 십여 차례나 그 집을 다녀갔으니, 그의 남다른 여행 취미만으로는 설명할 수 없을 것이다. 평해는 서울에서 차로 닿기로는 전국에서 가장 먼 곳이다. 그 길 고생을 마다 않고 틈이 날 때마다 그는 울진 내 고향집을 찾아주신다. 선생은 다녀올 때마다 한두 편의 작품으로 화답하시니, 울진이야말로 황동규 시의 감춰진 무대 중 한 곳이다. 작품의 배경이나 장소는 구체적으로 노출될 때도 있으나, 대개 은닉된다. 그런 작품들을 읽을 때면 동행인으로서 나는 특별한 감회를 맛보는 독자가 된다. 예전에 발표했던 시「방파제 끝」도 사실 울진 어느 여름이 작품의 배경일 것이다.

> 동해안 어느 조그만 어항
> 소금기 질척한 골목을 지나
> 생선들 함께 모로 누워 잠든 어득한 어물전들을 지나
> 바다로 나가다 걸음 멈춘 방파제
> 환한 그 끝.
>
> ―「방파제 끝」 중에서

그러고 보니 황동규의 시에는 언제나 날감각이 생생하게 되살려져 있다. 시인의 감각은 놀라운 바가 있어 자극에 아둔한 내게는 언제나 경탄의 대상이다. 가령 울진의 음식만 하더라도 다른 지방에서는 맛보기 어려운 다채로운 미각들을 시제로 등장시킨다. 울진대게, 진저리나물 무침, 양파에 비벼 먹는 막회, 물가자미밥식혜, 고등어회, 뒤란의 산취며 텃밭의 도라지구이 등……

그의 여로는 잠자는 감각을 깨워, 날것의 풍정과 흥취에 삼투시키는 시정(詩情)의 길인가. 시인의 남다른 기억력으로 각인된 각양의 생생한 감각들. 시인은 어쩌면 몸 속에 출렁대는 그 파동들을 깨워내기 위해 자주 여행길에 오르는지 모르겠다. 여행의 간격이 다소 뜸해지기라도 할라치면 자주 갈증을 느끼시는데, 그 또한 감각의 기갈과 무관하지 않으

리라 짐작한다.

　황동규 시인은 스무 살 때인 1958년에 등단했으니, 어느덧 반세기 가까운 세월을 시인의 삶을 살아온 셈이다. 자각의 한 생애를 시의 외길로 걸어왔다는 것은 그에게 행운이었을까. 행운이라면 경외와 찬탄으로 무르녹은 생의 순간들을 고양된 시로 경험했을 것이리라. 그렇더라도 그 삶에는 창조의 간고를 적셨을 피할 수 없었던 격절(隔絶)이 있었을 것이다. 오랜 항로 끝에 그가 당도한 최근의 시세계는 마음의 경계와 굴곡을 허물고 삶과 죽음의 물음에 대답하려는 균제(均齊)와 여분의 예지가 두드러지게 읽혀진다. 스스로를 갱신하려 각고했던 탐구와 실천의 정신이 비로소 도달한 지평일 것이다.

　황동규의 시세계를 관통하는 중심은 전신(轉身)에의 의지를 구체화하는 변화에의 추동력(推動力)이다. 변화란 스스로 애쓰는 의욕만으로는 불가능하다. 세계의 모순에 주체적으로 반응하는 갱신의 정신이 생의 중심을 힘있게 관통해갈 때 구체적으로 실천된다. 그 과정 속에서 존재는 쇄신되는 것이다. 그러므로 황동규 시에는 자기 정체성을 묻는 끊임없는 질문이 있다. 이 물음들은 기실은 초기 시부터 그의 시를 특징짓는 기제이기도 했다. 그는 스스로 호기심이 많은 사람이라고 자주 술회하지만, 그 집요함은 끝 간 데가 없는 듯하다. 그의 호기심은 결핍을 채우고자 하는 단순한 욕망에서 비롯되는 것이 아니다. 그것은 발견과 참여의 원초적 형식이며, 자아를 둘러싼 세계를 찬탄과 감동으로 직관하려는 시적 행위이기도 하다. 그러므로 그는 때때로 찾아갈 여행지를 앞질러 상상하거나 미리 예감하고서, 마침내 밟아서 그 땅의 냄새까지 맡아보고 들춰본 자료가 직관과 일치하는지 확인하는 세심함을 실천해 보인다. 그렇게 해서 호기심은 풍경 속으로 스며들고 질문으로 나타나 한 편의 드라마로 완성된다. 따로 지적할 필요가 없을 정도로 그의 시에는 여행 모티프가 자주 돌출한다. 그것은 바로 직관과 경험을 반추하여 생의 자각으로 되돌려놓으려는 그의 시가 선택한 방편이기도 하다. 일상의 자리를 벗어나는 여행의 표표로움은 거의 무의식적으로 생의 반성을 선취해 보인다. 여행은 그에게 여가의 이행이라기보다는 존재의 각성을 요청하는 내면의 의욕과 맞물려 있는 것이다.

 그러므로 그의 시에는 삶과 앎이 따로 있지 않다. 살아가는 것이 곧 시이므로, 방황하고 회의하는 삶의 모순조차 그대로 시의 진정성을 동반한다. 시인은 경험이 결여된 상상 속에 자신이 기른 말들을 풀어놓으려 하지 않았고, 딛고 있던 실존의 현장에서 비켜난 허방에 언어의 푯대를 세운 적이 없다. 팽팽한 긴장의 힘으로 삶과 죽음을 함께 껴안은 그런 비등의 순간에 그의 시들은 씌어졌다. 전신에의 고뇌가 수반되는 이 거듭남은 그러므로 글 쓰는 자의 긴장을 늘 오롯하게 만들었을 것이다. 언제나 스스로를 쇄신해야 한다는 결심만큼 간고한 마음이 다시 또 있을까. 그것은 개혁하고 지켜내야 하는 어려움들을 감내하는 자리다. 그런 의미에서 그의 호기심은 늘 생생하고, 언제나 현재진행형이었다. 몸의 감각과 마음의 눈으로 만났던 시의 풍경들에는 한결같이 삶의 드라마가 무르녹아 있는 것이다. 시인의 사유란 설명하는 것이 아니라 직관해 보이는 것. 그러므로 보여주는 시에는 설명이 끼어들 여지가 없다. 보여지는 풍경을 보여주는 언어로 바꿔놓는다는 것은 또한 얼마만한 단련을 거듭해야 가능해지는 일인가. 마침내 말의 연금술로 시인의 것이었던 발견과 경탄은 독자의 몫이 된다. 독자 또한 변화를 스스로의 필연으로 받아들여서 안으로부터 밖으로 확산해가는 전신에의 자장에 포섭되는 것이다.

그러고 보면 황동규는 자신의 표현대로 그가 싸워야 할 세 곳의 전쟁터에서 한 발짝도 물러선 적이 없는 시인이라 할 수 있겠다. 곧 말과 현실과 전통과의 싸움에서 거듭남을 쟁취해온 시인인 것이다. 앞의 두 가지는 말할 것도 없지만, 진정한 전통 또한 끝없는 창신(創新) 속에서 생명력을 획득한다는 것을 그의 시는 거의 명료하게 보여준다. 문체(文體)로 나아간 탁마는 그의 수사적 명징성과 명쾌함을 남다르게 했고, 그렇게 해서 유래가 없을 정도로 우리 시의 전통 속에 새로운 질서와 문법을 부여해왔다. 그의 문체에는 어눌함이 섞여들지 않는다. 그 특유의 감수성과 깔끔한 어조의 힘으로 시의 긴장과 탄력을 살려내는 것이다. 전통을 의식하면서도 탐구와 혁신을 포기하지 않는 이 섬세한 균형은 그의 시에 균제미(均齊美)를 부여하고 있다.

올해 출간된 『꽃의 고요』를 포함해서 지금까지 황동규는 열세 권의 시집과 산문집 『겨울노래』 등 몇 권의 저서를 펴냈다. 어느 시집 하나 우리 시의 화두(話頭)로 던져지지 않았던 적이 없지만, 그의 시는 십오 년에 걸쳐 씌어진 연작시 「풍장風葬」으로 더 빛이 난다. 거기에는 생사의 분

별을 덜어내고 마음의 경계조차 거침없이 지워버리려는 깨달음이 구체화되어 있어서, 한층 고양된 정신을 읽어내게 한다. 가령 다음의 시는 마음속에 고이는 집착을 털어버리려는 시인의 의지가 읽혀진다.

> 오늘 서가의 지도(地圖)를 모두 버렸다.
> 바닷가를 방황하다가
> 우연히 눈부신 눈을 맞으리.
> 건너편 섬이 은색 익명(匿名)으로 바뀌다가
> 내리는 눈발 사이로 넌지시 사라지는 것을 보리.
> 사라진 섬을 두고,
> 마음에 박혔던 섬도 몇 뽑고
> 마음에 들던 섬부터 뽑고
> 섬처럼 박혀 있던 시간들도 모두 뽑아버리고
> 돌아오리.
>
> 오늘 지도를 모두 버렸다.
> ―「풍장 50」 전문

지도와 지명을 버린다는 것은 집착을 거둔다는 뜻이며, 마음의 구속에서 벗어나겠다는 의미이다. '지도'의 실제는 여행의 편의를 환기시키지만, 넓게는 삶의 모든 세목들을 포섭한다. 이럴 경우 버린다는 것은 일상사의 관습을 벗어버리려는 소망을 구체화하는 것이기도 하지만, 구속을 편의로 받아들이고 거기 표지된 지침을 좇아 살아온 마음의 지향조차도 지워버리겠다는 의식을 은연중에 반사시킨다. '마음에 들던 섬'부터 뽑아내어야만 비로소 다른 집착들을 떨칠 수 있는 계기가 마련되는 것이다. 이 버림의 결과, 시인이 얻는 것은 진정한 자유일 것이다. 근래의 시에서도

> 길에서 벗어나지 않고 벗어나
> 가볍게 떠돌리.
> 느린, 늘인 걸음으로.
> ―「海馬」 중에서

라고 읊어, 삶도 아니고 꿈도 아니고 꿈과 삶의 현실인 그런 경계를 지나가는, 경계 지우기에 몰입해 있는 시인의 모습을 엿보게 한다. 그러나 여행이라면 어떤 여로에든 반드시 길 끝이 있는 법, 그 길 다 가면 시인의 시화처럼 마침내 시간조차도 고요히 날개를 접고 깊은 적막 속으로 가라앉으리라. 연작시 「풍장」의 마지막 시편은

> 냇물 위로 뻗은 마른 나뭇가지 끝
> 저녁 햇빛 속에
> 조그만 물새 하나 앉아 있다

수척한 물새 하나
　　　생각에 잠겼는가
　　　냇물을 굽어보는가
　　　물에 비친 자신의 모습을 보는가
　　　조으는가

　　　조으는가
　　　꿈도 없이

　　　　　　　　　　　　　　　—「풍장 70」 전문

로 마감되고 있다. 석양의 '마른 나뭇가지'에 앉아 조는 듯 미동도 않는 '물새'는 이미 분별의 의식조차 벗어버린 그냥 '새'다. 가지를 흔들던 미풍조차 떨쳐낸 자리, 그곳에는 시작과 끝이 없다. 떠남과 돌아옴이 지워진 무아지경인 것이다. 마침내 흘러가는 시간이 숨죽이는 그곳, 아마도 시인이 바라는 여행의 궁극은 그렇게 해서 끝이 나는 게 아닐까. 존재라는 의식을 떨쳐버리려는 존재로의 이행. 그렇다면 인간의 희원조차 벗어버리려는 그 역설의 자리가 황동규적 여로의 끝자리일까. 한 시인이 필생을 걸고서 말하는 이 엄숙하기 그지없는 전언(傳言)은 어디 헛된 수사에 싸여 나날이 찌들어가는 일상의 화두일까.

　그러나 시인이 그 선정에 드는 것은 아직은 너무 이르다. 우리 모두 그러하지만, 온갖 흔들림을 싣고 풍파 속으로 나아가는 것이 삶의 생생한 항해가 아닌가. 지금도 컨디션이 좋은 날이면 위스키 반병을 거뜬히 해치우시는 건강체이듯, 그의 호기심은 조금도 식지 않았다. 그러므로 삶의 여로가 창창하게 이어져가는 한, 그의 시 또한 독자들을 팽팽하게 긴장시킬 것이다.

(2004)

강 건너 등불 _ 故 임영조 시인을 회상하며

> 세상을 대하는 그의 재치는 그가 키를 낮추거나 높이지 않아도
> 그 수준에서 한결같았으며, 있는 그대로 진실이었다.
> 그러고 보니 그가 사라진 지금,
> 그의 빈자리가 지금도 내게는 너무 넓다.

돌아가시던 해 초봄이었던가. 개학이 되어 모처럼 연구실을 지키고 있던 나에게 임영조 형이 연락을 해왔다. 한창 바쁘던 학기 초라, 나는 대뜸 "아니 사회교육원 — 그는 그때 고려대 사회교육원에서 시 창작 강의를 하고 있었다 — 강의는 안 하시고 웬 전화냐"고 반문했더니, "여기 병원이야, 나 지금 입원해 있어"라며 힘없이 대답해왔다. 그 순간에, 며칠 전 그가 병원에 진찰 예약을 해뒀다고 말하던 것을 나는 상기했고, 목소리로 미루어 뭔가 심상치 않은 일이 벌어지고 있음을 직감했다. 도무지 병명도 모르면서 결과를 기다리자니 너무 답답하다는 그의 하소연에, 나는 병문안이라도 가야겠다고 속으로 어림했다. 그는 다음날 다른 병원으로 옮긴다고 하면서 거기서 한번 보자고 했다. 그러다가 느닷

없이 "김형이나 나는 오래 살아야 돼!"라고 외쳤다. 나는 그 말에 놀라서 왜 그런 소릴 하느냐고 되물었고, 그는 저나 나나 고생을 많이 한 사람이니까 남보다 오래 살 권리가 있다고 말했다. 그때 울컥 가슴에 치미는 무언가가 있어서 나는 서둘러 전화를 끊었다.

 그해 1월 하순에도 그가 전화를 걸어왔었다. 오랜만에 점심이나 같이 하자는 것이었다. 그의 집필실은 걸어가도 내 집에서는 십 분 남짓한 거리에 있었다. 식사 뒤에 커피를 함께 마시는데, 원고뭉치를 내놓으며 나더러 새 시집이니 표지의 뒷글이나 써달라고 했다. 평소 같았으면 귀찮아서라도 사양할 법했었는데, 그날따라 나는 순순히 그 원고를 받아들었다. 천천히 읽어볼 요량으로 열흘 뒤까지 써주겠다고 했다. 그런데 사흘을 채 넘기지 않아 그로부터 다시 독촉 전화가 왔다. 출판사 사정이 급하니, 내일까지 꼭 써달라는 것이었다. 어이가 없긴 했지만, 기왕에 써주기로 한 글이므로, 나는 몇 줄의 짧은 원고를 이튿날 그에게 건넸었다.

 그 무렵 임영조 시인은 어딘지 모르게 매사를 초조해했다. 시집 건만이 아니었다. 겨울 막바지에 주변의 여러 분들과 중국여행을 떠나기로 했었는데, 몸이 이상하고 마음도 내키지 않지만, 약속이어서 어쩔 수 없이 가야 한다는 것이었다. 으슬으슬 심하게 한기를 느낀다는 그의 모습은 내가 보기에도 초췌했었다. 그가 누구던가. 직장을 명퇴하고 근 십 년을 하루도 거르지 않고 관악산을 오르내리면서 다져왔던 건강체가 아닌가. 오죽하면 그의 날랜 모습이 관악산 다람쥐라는 별명을 얻게 했을까. 그런 사람이 몸이 시원찮아 여행을 걱정할 정도라면 나도 염려가 되어 가지 말라고 권했었다. 그러나 그는 여행을 떠났고, 돌아오자마자 새 시집이 나왔다며 나를 다시 불러내었다. 내 시집이 출간될 때마다 축하해주던 그의 마음 씀씀이가 고마워서 나는 점심이라도 한 끼 사려고 그의 집필실로 내려갔다. 2월이 막바지였던 그날, 임형이 운전하는 차를 타고 우리는 상도동 근처를 헤맸었다. 추어탕 잘하는 집이 숭실대학교 뒤에 있다고 해서 찾아나섰지만, 하필이면 그 대학의 졸업식과 겹쳐서 그쪽으로는 접근조차 못 한 채, 과천에 가서 늦은 점심을 해결했었다.

임영조 형을 마지막으로 본 것은 그가 '아산중앙병원'에서 퇴원하던 날이었다. 천양희 시인과 함께 병문안을 갔었는데, 퇴원수속을 밟고 있었다. 그는 몇 주 전보다 훨씬 수척해 보였다. 췌장암이라 진단을 받았는데, 잘 아는 곳에 가서 민간치료를 받을 요량이라고 했다. 아마도 병원에서는 가망이 없다고 선언한 모양이었다. 나는 함께 자리한 사모님께서 지극정성이시니 곧 괜찮아질 거라고 말했다. 제씨(弟氏)께서 형님을 모시고 떠나는 모습을 병원 현관에서 배웅한 뒤로도 천양희 선생과 나는 한동안 그렇게 서 있었다. 그날 이후, 몇 번 병문안을 가려고 시도했지만, 그때마다 그의 병세 때문에 여의치 않았었다. 다시 입원하기 전날이던가. 내 방문을 허락하셨던 사모님께서 아침에 전화를 해오셨다. 아무래도 오늘은 안 되겠다는 말씀이었다. 그는 이미 사경을 헤매고 있었던 것이다.

임영조 시인과 가깝게 지내기 시작한 것은 내 세번째 시집인 『물 건너는 사람』이 출간된 직후였었다. 그때 그의 시집 『갈대는 배후가 없다』도 같은 출판사에서 나왔다. 이듬해 정초, 우연히 오세영 선생 댁에 들렀다가 그와 술자리를 함께하게 되었다. 얼마나 재미나게 이야기를 잘하던지. 순박한 시골 형님 같은 너그러움이 느껴졌던 그때의 인상이 깊어서였을까. 평소 낯가림이 심한 나는 그의 고향인 대천에도 두어 번 따라 내려가게 되었고, 그가 불러내는 자리라면 사양 않고 합석했었다. 대천이라면 나의 누님이 시집살이를 했던 삽시도라는 섬을 지척에 둔 대처가 아니던가. 나는 경기대학교 재직 시절에 내가 만든 문예창작과에 대천 사람인 소설가 이문구 선생을 모셔오기도 했었다. 해학과 진정성으로 넘쳐나던 임형의 이야기를 나는 평소 주로 듣는 편이었다. 고집스럽게 제 주장만 쏟아놓던 그가 때로는 내 심사를 뒤틀어 가볍게 다툴 때도 있었다. 언제나 먼저 화해를 청해온 것이 그였으니, 내 편벽된 협량보다는 그가 한층 너그러웠던 셈이다.

이런저런 인연으로 그는 내 고향집에도 두어 번 동행했었다. 그러고 보니 그가 나를 겨냥하고 쓴 시도 두어 편 있다. 그의 시집 『귀로 웃는 집』(창비)에 실린 「평해의 달」과 『지도에 없는 섬 하나를 안다』(민음사)에 실린 「강 건너 등불」이 그것들이다. 첫 행을 '김명인 시인네 고향집'으로 문맥을 트고 있는 「평해의 달」은 작품에 그려진 대로다.

    천궁 향내 그윽한 마당에 자리 깔고
    우리는 밤늦도록 술 마시고 놀았다

먼저 취한 일행은 들어가 자고
시골내기 김명인 김윤배 나와 달은
나이도 잊고 팬티 바람으로
계속 술 마시며 노래 불렀다

―「평해의 달」중에서

　우리 일행은 그날 밤늦도록 내 고향집 마당의 평상에 앉아 술을 마셨고, 대취한 채 낄낄대며 옷을 홀딱 벗고 달밤의 목욕을 감행했던 것이다. 우리는 어머니께서 담가놓은 한 동이 가득한 무화과주도 다 비워냈으며, 안주로 내온 울진 대게 다리를 빨면서 달빛에 흐드러진 도라지꽃 떨기 위로 끝도 없이 유행가를 흘러보냈었다. 박자를 잘 맞추지도 못하면서 임시인은 아는 노래란 노래를 다 뽑아댔었다. 그리고 보니 그는 누구보다도 내가 부르는 노래를 즐겨 들어준 사람이었다. 내가 노래를 잘 불러서라기보다 애잔한 노랫말의 청승에 미혹당했던 것일 터이다. 그의 시「강 건너 등불」도 나의 가창에 얽힌 사연을 시화(詩化)하고 있다. '강 건너 등불' 이라니. 그것은 가수 정훈희가 처음 불렀던 노래로 내가 애창하는 유행가의 제목이 아니던가. '그렇게도 다정했던 그때 그 사람'으로 시작되는 애조 띤 가사 때문에 내가 이끌렸던 노래다. 그 노래만 부르면 그도 따라서 흥얼거렸고, 몇 번이라도 내게 다시 청해 듣곤 했다. 그의 노래 실력은 시집 뒤표지에 내가 쓴 그대로 '음치에 가깝지만 시종(始終)의 엄격함으로 노래의 묘한 절제를 살려놓는 가창력'이었다.

방배동 호프집 〈피카소〉에 가면
— 그렇게도 다정했던 그때 그 사람
언제라도 눈 감으면 보이는 얼굴
거나한 시인 김명인이 무반주로 나온다

상기된 왕방울눈 지그시 감고
유독 검은 뿔테 안경만 환하게 뜬 채
저 홀로 심각하고 애절한 십팔번을 뽑는다
　　　　　　　　　　—「강 건너 등불 2」 중에서

　이 시의 시구대로 "세월이 흘러가도 내보이기 무엇한 / 그리움 하나씩" 품게 한 호프집 그 '피카소'조차 문을 닫은 지 이미 오래다. 임영조 시인과 영이별한 뒤로 나 또한 콩팥이 부실하다는 주의를 듣고서 이제는 주점 순례조차 뜸해졌다. 순박하기만 했던 주모(酒母) 강봉자 여사는 지금 어디서 무엇을 하며 늙어가고 있을까. 술값이 저렴해서 나의 소개로 숱한 문인들이 드나들었건만, "방배동의 밤이 뽕짝조로 출렁거리고 / 사당동의 별들이 덩달아 박자 맞추던" 그 시절은 그리움으로나 아련히 남아 있다.
　그리고 보면, 나는 진작부터 임영조 시인의 대책 없는 순진무구함이나 진정성에 이끌렸었던 것. 그는 농담조차 정색하며 받아들이는 나와는 달리, 파안(破顔)에 가 닿는 사심 없는 웃음을 언제나 얼굴 가득 머금었던 사람이다. 그의 시에는 그만의 보폭과 놀라운 집중력으로 세상을 헤쳐오며 채집해놓은 독특한 해학들이 넘쳐난다. 그리하여 그만의 시적 율법과 미학을 이뤄내 독자들로 하여금 시를 읽는 재미를 만끽하게 만든다. 한마디 한마디가 사물의 정곡을 찌르는 어투는 그의 시가 돌파한 빛나는 개성이다.

세상을 대하는 그의 재치는 그가 키를 낮추거나 높이지 않아도 그 수준에서 한결같았으며, 있는 그대로 진실이었다. 그러고 보니 그가 사라진 지금, 그의 빈자리가 지금도 내게는 너무 넓다. 예전엔 사당역 부근을 혼자 지날 때 어딘가에 그가 자리잡고 있으리라 믿어져서 나는 든든했었다. 혼자서 점심을 먹게 되어도 누구를 불러낼까 망설임이 없었다. 그러니 세월이여, 아무리 내가 〈강 건너 등불〉을 구성지게 부른들, 그 가창(歌唱)을 따라 흥얼거릴 그가 없어졌으니, 추억의 "불빛은 왜 실체보다 더 크고 아름다운 것인가".(「강 건너 등불 1」)

(2004)

애기동풀꽃의 웃음

_유승도 시집 『작은 침묵들을 위하여』에 부쳐

> 세계를 바꾸어버린 사람에게는
> 낯선 삶 자체가 새로운 발견인 것이다.
> 사물들은 낱낱이 호명되기를 기다리며
> 전혀 새로운 모습으로 거기 존재한다.

유승도의 첫 시집 『작은 침묵들을 위하여』를 읽으면서, 아무래도 나는 개인적인 고백부터 해야 할 것 같다. 그와 얽힌 크고 작은 인연들로 나는 우선 가슴부터 데워진다. 사정(私情)으로 응어리진 서사에서 나는 자유롭지 못하다. 함께 기억하는 나와 그만의 세로(細路)가 그의 시 속을 헤매게 한다. 그러므로 이 글은 내 식으로 그를 만나는 사담(私談)의 형식을 취할 도리밖에 없는 것이다.

그렇다. 승도는 함께 늙어가는 내가 아끼는 제자다. 그의 아내 또한 내 훈도 아래서 대학생활을 보냈으니, 둘을 맺어준 결혼식의 주례조차 피할 수 없었던 내 몫이었다. 나는 지금도 그가 내 시교실에 앉아 있었던 첫 모습을 생생하게 기억한다. 허름한 군복 점퍼에 수세미 머리를 한, 일용잡부풍의 늙수그레한 대학생. 야간강좌라 흐린 불빛 아래 더욱 초췌해 보였던 메마른 인상의 청년이 그였다. 그가 시를 쓴다고 했다. 열정뿐인 나이에 오로지 글을 쓰겠다는 일념으로 뒤늦게 진학했다는 고백담을 방과 후의 술자리에서 들은 바 있다. 그리하여 1980년대의 정신적 공황이 문학의 중심을 무겁게 관통해갔던 나날들을 글 대신 술로, 공허한 울분으로 그 또한 얼마나 허둥댄 학생이었던가. 고학(苦學)의 이중고까지 겹쳐져 그는 무던히도 어려움을 겪었을 것이다.

휴학과 복학을 이어가던 와중에 그는 잊어버릴 만하면 내 연구실로 습작을 들고 나타났었다. 그 시절 대부분의 문청(文靑)들이 문학으로 시대를 질정(叱正)해보려는 의욕을 가졌던 것처럼, 그가 쓰는 습작시 또한 억센 관념의 덩어리였다. 시를 가르치는 선생으로서 나는 그들의 편향을 바로잡아주려고 얼마나 애썼던가. 그러나 그는 좀처럼 시대의 고정관념을 뛰어넘지 못했었다. 그때 사실 나는 스스로 파헤친 갈등의 골을 메우느라 그를 비롯한 학생들의 습작에는 친절한 후견인이 아니었다. 더구나 물리치지 못했던 학교 일에 매달려 연구실조차 수원으로 옮겨야 했다. 졸업으로 그는 곧 내게서 잊혀졌다. 그리고 십 년 한 세월이 흘렀었다.

뜻밖의 전화에 『문예중앙』(1995년 겨울호)을 펼쳐든 나는 신인으로 얼굴을 내민 승도와 그의 시를 만났다. 마치 먼 우뢰처럼 더듬거리며 내게 전화할 때의 그 모습으로 그가 거기 있었다. 내가 아는 승도가 아닌 전혀 딴판의, 시인 유승도로!

> 내가 인간세계에서 승도라는 이름으로 살아가듯이
> 새의 세계에서 새들이 너를 부르는 이름을 알고 싶다
> 새들이 너를 부르듯 나도 너만의 이름을 부르고 싶다
> ―「나의 새」 중에서

 온전히 한 시인으로 호명되게 한 당선작들은 일찍이 그의 습작시편에서 내가 읽었던 주장과 관념의 세계가 아니었다. 그것은 세상과의 불화로 그 바닥을 오래 헤매온 사람만이 요청할 수 있는 눈물겨운 화정(和淨)의 세계였다.
 그러므로 이렇게 적고 있을 때 아직도 안쓰러움이 묻어나올 정도로, 그 순간 나는 기쁘면서도 한편으로는 마음이 몹시 쓰라렸다. 막 잠에서 깨어난 그가 만난 청정한 아침이, 그 아침이 거느리고 왔을 겹겹의 어둠이 눈에 보이는 듯 선연했기 때문이다. 그가 주거지로 댄 강원도 땅, 정선 구절리는 또 어떤 곳인가. 졸업 후 노가다판이며 농가의 머슴으로, 다시 옥돔잡이 연안어선의 선원으로, 그리고 탄광의 채탄부로…… 캄캄한 세파를 지치도록 헤쳐온 사람에게는 햇살조차 순정하고 경이롭게 자각된다. 시상식 때 심사를 맡으셨던 유종호, 정현종 두 분 선생으로부터 나까지 덩달아 칭찬을 들으면서, 사실 나는 많이 민망스럽고 부끄러웠다. 그의 좌절과 절망에는 한 번도 동참해본 적이 없었던 까닭에서다.
 그 몇 달 뒤, 구절리의 그가 칩거하는 폐가에서 나는 그믐께의 하룻밤을 그와 함께 지냈다. 그리고 아침을 맞으면서 그를 깨어나게 했던 새

소리를 나도 들었다. 빗물로 얼룩진 창호문 저편, 어딘가 숲속에서 아침의 새들이 맑게 지저귀고 있었다. 귓전엔 듯 가까운 그 우짖음은 지난밤의 어둠 따윈 이미 저만큼 밀쳐버린, 아니 간밤의 칠흑 때문에 더욱 영롱한 고음이었다. 그 며칠, 내 고향 울진으로 이어진 동행 길에서 나는 그에게 이제 칩거를 떨치고 사람들과 섞여 사는 게 어떠냐고 넌지시 권해보았다. 일자리야 알아보면 출판사 같은 곳에라도 가능할 것 같았다. 세상과 격절하고 사는 나날이 자칫 그의 시세계를 고립시킬까 염려되었던 것이다.

그는 완곡하고도 끈질겼던 내 제안을 물리치고 당분간 그렇게 지내겠다고 말했다. 십만원 안쪽으로 한 달을 살고 있으니, 어떻게 꾸려보면 생활이야 안 되겠냐고. 나는 칩거란 마음 내키면 언제든지 떨칠 수 있는 결행이다 싶어서 더는 권할 수가 없었다. 이듬해가, 결혼하고 신부의 돈벌이 때문에 어쩔 수 없이 안양에 신혼방을 차렸다가 일 년을 채우지 못하고 그는 다시 도회지생활을 정리했다. 이번에는 솔가하여 영월 근처에 자리잡았다. 시 쓰는 농사꾼이 된 것이다.

유승도의 이 시집 『작은 침묵들을 위하여』에는 과거나 미래가 없다. 있다 해도 그것은 상기되기 위한 것들이 아니며, 애써 지워버려서 떠올려지지도 않는다. 시간은 지속되지 못하고, 언제나 현전에서 맴돈다. 서정시의 가장 두드러진 특징이 현재시제의 활용에 있다면, 유승도의 시편들은 그 본질에서 순연한 시간들을 실천해 보인다. 순수한 현재는 시인 자신의 순간적인 포착을 현현하며, 사물에 얹힌 세상의 무게를 덜어낸다.

  골바람 속에 내가 있었다 바람이 어디서 불어오는지 알려 하지 않았으므로 어디로 가는지를 묻지도 않았다
  골짜기 외딴 집 툇마루에 앉아 한 아낙이 부쳐주는 파전과 호박전을 씹으며 산등성이 너머에서 십 년 묵언에 들어가 있다는 한 사람을 생각했으나 왜 그래야 하는지에 대해서는 생각하고 싶지 않았다
  바람 속에 내가 있었으므로 바람의 처음과 끝을 이야기하지 않았다
              —「침묵」 전문

 위의 시에서 굳이 시간의 흔적을 찾아내려 한다면 "십 년 묵언에 들어가 있다는 한 사람"이나 "바람의 처음과 끝" 정도의 내포일 것이다. 그것조차 시인은 "왜 그래야 하는지"에 대해선 알고 싶지 않거나, 시종을 이야기할 필요를 느끼지 못한다. 이 부정성은 그러므로 모든 서사적 시간을 무화시키며, 현재에 엉겨붙는 갈등의 뿌리들을 잘라낸다. 그 결과 시인은 '침묵' 속에서 도저한 평정을 획득한다.
 세간(世間)의 밑바닥을 헤매며 짧지 않은 방황을 거듭해온 백수(白手)의 시인을 떠올린다면, 한치의 집착도 버린 이 허정(虛靜)은 그러므로 슬프다! 그가 알려고 하지 않는 세상은 이미 다 알아버린 세계인가. 그가 나아가고 싶지 않는 미래는 헛되고도 헛되었던 추억과 다를 바 없

을 것이라고 그는 믿고 있는가. 과거를 지운다는 것은 버리고 싶은 유산이어서가 아닐 것이다. 마찬가지로 앞날을 전망하지 않는다는 것 또한 막막함에 대한 반사(反射)라고 볼 수는 없다. 오히려 과거와 미래를 애써 소거시키자 솟아오르는 현존의 나, 그 외로운 자아(自我)에 대한 연민이 이 시를 아리게 읽어내게 한다. '나'는 "골바람 속"에 있고, "골짜기 외딴 집 툇마루에 앉아 한 아낙이 부쳐주는 파전과 호박전"을 혼자 씹는다. 모든 사물이 단수가 되어 홀로 고립되는 자리에서 비로소 자각하는 우주적 외로움! 유승도가 시인으로 통과해낸 일차적 관문은 바로 이 존재론적 고독의 발견이다. 그리고 그것이 순연하게 읽혀지는 까닭은 그가 누구보다도 거친 세파를 거쳐 거기에 닿았기 때문일 것이다.

유승도의 시를 특징짓는 개성은 그러므로 외화(外華)뿐인 여느 신인들의 허사(虛辭)와는 구분될 수밖에 없다. 과거는 죽음에 방불한 제의(祭儀)로 불살라졌고, 시쓰기만이 오로지 현재와 미래의 과제가 된 늦깎이 신인이 획득한 무구(無垢)의 세계가 거기 있다. '세상의 감옥'을 전전하다 종착한 강원도 땅 정선 구절리의 끝자락에서 그가 혼절하면서 발견해낸 눈부신 빛살인 것이다.

폐광된 탄광의 사택으로 쓰이던 건물의 한 칸을 차지한 나는 빛이 들어오는 곳마다 두터운 검은 종이를 붙였다. 그러곤 잠에 들었다. 배가 고프다 못해 힘이 없어, 뭔가 먹어야겠다는 생각이 들거나 배설 기운을 느낄 때를 제외한다면 자리에서 일어나는 일은 좀처럼 없었다.

무조건 잤다. 잠에 취해 잠을 잤다. 며칠이 흘러갔는지도 알 수 없었다. 한 달 아니면 두 달? 어느 날 아침이었다. 꿈결이었을까? 새소리가 들렸다. 꿈은 아닌 듯했다. 다시 새소리가 들렸다. (……) 다음날도 마찬가지였다. 이른 새벽이 분명한 시간에 전날의 그 소리가 들려왔다. 문득 새의 모습이 보고 싶어졌다. 창가로 다가가 문을 열었다.

—「코스모스와 장승」 중에서

시 「나의 새」의 시작 과정을 회상한 산문의 이 대목은 새로운 자아의 발견이 그만의 몫이 될 수밖에 없었음을 아프게 일깨워준다. 언제나 거기 있었을 사물들이 새삼스럽게 각성되는 것은 '나'를 온전히 바꾸었기 때문에 비로소 가능해진 것이다. 안 보이던 현전이 삶의 덧칠을 벗겨냄으로써 분명하게 드러나기 시작한다. 유승도의 시가 친자연적인 것은 그때 그 구절리가 환골탈태의 무대였던 탓일까.

그러므로 유승도의 이 시집에는 발견에 관한 기록들이 유난하다. 세계를 바꾸어버린 사람에게는 낯선 삶 자체가 새로운 발견인 것이다. 사물들은 낱낱이 호명되기를 기다리며 전혀 새로운 모습으로 거기 존재한다.

엄마가 맡는 애기의 똥냄새는 이런 것이다라고 얘기해주고 있는 것 같아 숨을 가다듬으며 바라보았다 그러고 보니 찔레꽃은 영락없이 엄마이고 애기똥풀꽃 또한 갈 곳 없는 애기이다

—「찔레꽃 애기똥풀」 중에서

봐라, 저 달 표면을 기어가는 가재가 보이잖니?
　　빛이 맑으니 구름도 슬슬 비켜가잖니
　　가볍게 가볍게 떠오르잖니
　　　　　　　　　―「산마을엔 보름달이 뜨잖니」중에서

　　마음속의 꽃을 찾아 들로 산으로 다니다보니 제각각의 빛과 향으로 나를 부르는, 내 마음속의 꽃과 같은 꽃들이 너무나 많다
　　　　　　　　　―「너무나 크다」중에서

　　향기에 취해 가던 발길을 멈추고 길섶을 쳐다보니 눈부신 찔레꽃이다. 바로 그 찔레꽃 아래 질펀하게 퍼질러진 노란 애기똥풀꽃. 그 풀꽃은 농촌에서 소년 시절을 보낸 시인이 익히 알고 있는 식물이다. 그러나 그것이 왜 애기이고, 어째서 찔레꽃은 엄마인가는 시선이 달라졌을 때 비로소 지각된다. 시각의 이런 전이는 달 표면에 떠오른 그늘을 '가재'로 발견하는 데서도 살펴진다. 그리하여 마음속의 눈으로 다시 쳐다보는 꽃들은 저마다의 빛과 향기로 피어난 저마다의 개성, 곧 낱낱의 자연으로 거기 있다. 아니 제각각의 다른 이름으로 시인을 불러 거기 멈춰 서게 한다. 서로가 서로를 부르는 이 상응은 그들의 세계와 '나'의 세계가 친화한다는 것이며, 이미 하나의 우주에 함께 공존한다는 뜻이다. '새'의 이름을 알고 싶다는 것은 역설적으로 새가 내 이름을 불러주기 때문이다.(「나의 새」) 그렇다. 사물과의 새로운 교감은 그 사물에 대한

이해며 친화다. 그의 표현대로 적으면 그것은 '세계관의 문제'(「코스모스와 장승」)에 속한다. 결코 단순할 수 없는 이 화해의 도정은 그가 자신을 바꾼 까닭에 가능해진 길이며, 과거를 떨쳤으므로 비로소 열린 세계이다. 그리고 그렇게 될 수밖에 없는 필연은 세계가 바뀌면 세계관 또한 변화되어야 마땅하다는 그의 달라진 생각으로부터 솟아오른다.

달은 모르고 있었을 것입니다 구름이 길고긴 강을 이루어 흐르며 달을 유혹하고 있었음을 알 수 없었을 것입니다 달은 저 혼자 빛나고 저 혼자 허공에 있어 구름이 보일 리가 없었을 것입니다
구름은 모르고 있었을 것입니다 자신의 몸을 풀어 달에게 가고 있었기에 내가 자신을 바라보고 있는지 알 수 없었을 것입니다
나는 구름 사이로 내려오는 달빛에 몸을 드러낸 채 서 있었습니다 구름이 달에 의해 빛나고 달도 구름에 의해 더욱 빛나고 있음을 바라보고 있었습니다
—「달, 구름 그리고 나」 전문

'달'과 '구름' 그리고 '나'는 서로가 몰랐던 저 혼자였을 때에는 각자가 고립된 별개의 자연일 뿐이었다. 그러나 달은 구름으로 하여 밝기를 더하고 구름 또한 달에 의해서 자신의 존재를 비춰낸다. 그리하여 달빛에 몸을 적신 채 그 광경을 바라보는 '나' 또한 어느새 그들의 교호에 젖어드는 것이다. 생각을 바꾸자 새로운 관조가 펼쳐진다.

이렇게 보면 유승도의 이 시집은 자연동화적인 교감으로 가득 차 있다. 그렇다고 하여도 그 화정(和淨)은 선험적으로 주어진 것은 아니다. 앞에서 말했듯이 그것은 인간세를 누구보다 쓰라리게 겪었기 때문에 마침내 쟁취된, 이슬처럼 영롱한 결정(結晶)이다. 그러므로 그 순수에는 알게 모르게 가라앉힌 앙금들이 비쳐난다. 그의 시가 어쩔 수 없이 애처로움을 안게 되거나 아련한 연민과 연결되는 것은 그 또한 사람 사이의 훈기를 떨치지 못하는 까닭일 것이다. "댓돌 위에 애호박 셋"을 거두면서 "어제 저녁, 찬은 뭘로 만들어 먹냐고 묻던 할머니"의 고마움을 떠올리는 모습(「아침햇살」)이나, "절룩이며 따라 나와 방 밖의 외등"을 켜고 걱정스럽게 배웅해주는 이웃의 인정에 못내 젖어드는 모습(「가을」)에도, 세사를 떨치지 못하는 미련 이상의 결곡한 그 무엇이 스며 있다. 우리 모두가 그럴 테지만 그 또한 사람 사이에 한 사람으로 서 있는 것이다. 그러므로 나는 그가 은둔의 세계를 밀고 가지 말고 다시 이웃들을 호명하고 그도 호명되는 세상으로 되돌아오길 바란다. 격절(隔絶)이 길어지면 홀로 수직하는 법. 그러기에 그는 아직은 앳되어야 할 신인인 것이다. 세간의 나이로는 이미 불혹(不惑)에 들었다고 하지만, "형님과 누님, 형수님께 조금씩 부쳐드리고 싶은"(「두릅나물 그리고 봄의 끝」) 두릅이 바래도록 버려둘 그 불혹은 아닌 것이다. 나는 그가 아래의 시에서 보듯,

계곡의 절벽엔 물소리가 붙어산다 소리를 키워서 돌려보내는 마음

물안개도 잠시 매달아놓았다 하늘로 올려보내고 지나가는 새소
　리도 담아두었다 스치는 바람에 안긴다

　　절벽은 골짜기와 숲, 저 하늘로 가는 길을 내게 이른다
　　　　　　　　　　　　　　　―「절벽 밑을 지나며」 전문

수직을 수평으로 넓게 펼쳐주길 기대하는 것이다. 다행히 그는 '사람들과 함께 살아야 한다고 생각했기에' 견딜 수 없었던 도회생활을 청산하였어도 무위(無爲)하지 않고 농사꾼이 되었다. 농업은 혼자서 할 수 있는 직업이 아니므로, 품앗이로 일을 거들다보면 진정한 세상살이의 "가슴 가득한 희열"도 "때로 즐기며" "몸 둘 바를 모를 때"(「어느 바람이 잔잔히 불던 날 오후」)가 있으리라 믿는다. 다만 걱정스러운 것은 이미 농업은 사라지고 농군만 늙은 세태를 그가 또 어떻게 견뎌낼까 하는 점이다. 아무리 농사가 그의 말대로,

　　자신의 세계관에 대한 문제요 신념의 문제가 아닐까? 내가 택한
　문학이 돈이 안 된다고는 하지만 나를 일깨우고 나를 돌아보게 하며
　어쩔 땐 다독여주기도 하는 것처럼, 농사 또한 그런 것이 아닐까?
　　　　　　　　　　　　　　　―「코스모스와 장승」 중에서

라고 생각되더라도.

이 글을 쓸 무렵, 나는 '예밀리'라는 예쁜 이름을 가진 그가 사는 영월 땅을 다녀와서 시인을 생각하며 한 편의 시를 매만졌다. 그의 농업은 그야말로 천장의 밭에 하늘을 떠받치고 짓는 다락농사였다. 그게 안타까워서 나는 또 그 집에서 잔 하룻밤 내내 생각으로 깊었었다. 그러니 내 시 또한 이렇게 끝날 수밖에.

> 지천의 농사는 끝없는 생각을 받아먹고 저렇게
> 다락밭가에서도 한창이구나
> 들꽃들이 말라 있어 물어보니
> 천수답이 되어 하늘에서
> 물을 대준다는 것이다
> 오후에는 그날치의 수로가 열려
> 저물도록 산비탈만 골라 비 뿌리고 가는 것을
> 기어이 다 보고서야 잠들 수 있었다
>
> ―졸시,「예밀리」중에서

(1999)

제4부 시간의 파도 앞에서

시간의 파도 앞에서

출렁거림이 할 일의 전부란 듯이
저렇게 고즈넉한 바다.
그 바다 위에 고여 있는 영원한 시간을 나는 본다.
아니 저 영원도 스치듯 지나가는 우주적 찰나는 아닌지.

꼭 어머니 때문만은 아니지만 연말연시는 되도록 고향집에서 맞으려고 애쓴다. 그렇게 해오기를 몇 년째, 올해도 그랬다. 그믐날 저녁에 나는 노모께서 차려내신 저녁을 먹고 TV를 보다가, 잡지를 들추다가 일찍 잠자리에 든다. 무미하기 짝이 없게 한 해를 보내고 새해를 맞이한다. 이 한촌(閑村)에도 곧 자정이 찾아들고 내 잠은 떠들썩한 밀레니엄을 건너갈 것이다. 내일 아침이면 나는 한 천 년의 새날에 태어나는 것인가. 다행히 해 뜨기 전에 깨어난다면 바닷가에라도 나가 동해에서 솟아오르는 해를 혼자서라도 맞이해야지.

정월 초하루, 새벽에 잠이 깼으나 어쩐지 일어나기가 싫다. 아랫목을 살펴보니 어머니는 신새벽에 기도원으로 올라가셨는지, 이부자리가 말

끔히 치워져 있다. 비가 오는가, 대숲을 스쳐가는 바람소리가 스산하다. 간밤 잠 속에서 맞은 자정의 경계가 궁금해져 나는 TV를 켠다. 엊저녁부터 계속된 그 프로다. 일몰과 일출이 겹쳐지고 천년과 천년이 교차하는 어디쯤에서 여전히 불꽃놀이가 한창이다. 화면 속의 소란과 제법 굵어진 문밖의 빗소리에 못 이겨 나는 잠자리를 털고 일어난다. 실재와 생각 사이에, 보이는 것과 보이지 않는 것의 경계에서, 대숲을 사운대는 빗소리와 먼 나라의 폭죽소리를 딛고 천 년의 첫 아침이 열린다…… 그러나 나는, 특별한 감회가 없다.

식전(食前)이지만 우산을 받쳐들고 아버지의 무덤이 있는 동구 앞까지 나가본다. 동네라야 딱 두 가구, 이쪽은 노모 혼자서, 앞집은 이웃 형님 내외가 산다. 무덤은 동구 밖 산모롱이에 있다. 내리던 비는 어느새 는개로 바뀌고 빈 들판을 가로질러 저쪽 방죽까지 희끗희끗한 운무로 감싼다. 밭을 가로질러 논둑길로 접어든다. 는개 때문인지 거기서부터 먼 곳이 부쩍 가깝게 느껴진다. 군데군데 키를 맞춰 세워놓은 볏짚다발이 열병하듯 가지런하다. 다시 추워지기 시작하는 날씨 탓에 언 논에 흥건해진 빗물이 막 얼어붙을 듯이 시릿하게 떤다. 그 떨림이 한기처럼 몸속으로 스며든다. 그래도 방죽 이쪽은 어제처럼 고요하고, 건너편 솔숲은 여전히 검푸르다. 그 송림 사이로 솟은 월송정이 오늘 아침에는 한결 운치 있게 다가와 섰다. 활처럼 휜 만곡(彎曲)을 따라 허옇게 부서지는 파도……

이 들판의 풍경은 이렇게 변함이 없다. 십 년 전에도 그랬던 것 같으니, 이곳의 시간은 아예 멈춰 서버린 것인가. 그러나 기억을 더듬어보면 풍경이 전혀 바뀌지 않은 것만은 아니다. 몇 번 홍수를 겪고 난 뒤 부랴부랴 높아진 방죽, 그 아래의 농로도 언제부터인가 시멘트로 포장되어 있다. 그 수로에 걸쳐놓은 다리 또한 가끔씩 지나치는 차를 비킬 수 있을 만큼 넓혀놓았다. 변화가 너무 더디게 진행되는 바람에 풍경들이 옛 기억을 지운 것이다. 그리고 보면 풍경은 사람의 심안(心眼)에 비친 경관이며, 발견하는 주체의 의식체계로 재구성된다. 삶의 시간조차 이곳에서는 이렇게 천천히 흘러간다.

아침을 먹고 난 뒤에 나는 반 마장쯤 걸어 바닷가로 나간다. 겨울의 바다는 풍랑이 잦다. 저 멀리 망망한 수평선도 너울 탓인지, 조금씩 일렁인다. 바다는 내가 태어나기 전에도, 지금도, 적어도 내 생애에서는 한결같이 출렁거릴 것이다. 생애라니! 나는 어느새 쉰이 넘도록 살았다. 그 시간들은 때로 빠르게 흐르기도 했고 더디게 지나가기도 했다. 흘러가는 시간이 너무 예민하게 의식되어 몸서리쳐졌었고, 때로는 안 가는 시간이 야속하게도 답답했었다. 어떤 때는 시간을 온전히 잊기도 했다.

시간이 자각되지 않았을 경우는 주로 자연에 파묻혀 있었거나, 무엇인가에 몰두해 있었던 순간이었을 것이다. 그러나 그런 틈새에서 깨어나면 성큼 지나가버린 시간들이 새삼스럽게 의식되곤 했었다. 그리고 보니 지난 십여 년간은 시간이 촘촘하게 느껴졌었다. 십 년의 첫날을 미국에서 체류하던 일 년 사이에 맞았고, 돌아와서는 오래 손놓고 있었던 시에 다시 몰두하기 시작했었다. 그사이 러시아에서 반년을 체류하기도 했다. 전에 재직하던 대학에서는 몇 년간 학교 일로 너무 바빴고, 그러다가 학교를 옮기고.

데뷔한 지 삼십 년이 되었다고 하지만 네 권의 시집을 이 기간에 상재(上梓)했으니, 엄밀히 따지면 지금까지의 나의 시는 1990년대에 집중되어 있는 셈이다. 시간이 주로 경험을 총화로 하여 의식된다면, 지난 십 년은 많은 변화가 내게 있었다. 어쩔 수 없었다고 하여도 바쁘게 살았던 것은 반드시 좋은 일인가. 저렇게 변함없는 바다의 표정을 보면 나는 선뜻 그렇다고 대답할 수가 없다.

시간의 경험이란 어떤 경우든 장소와 행위와 다채로운 에피소드로 이루어진다. 어릴 때는 비교적 덜 길들여진 단순함으로, 나이 들어선 거듭 쌓고 극복하고 외면하면서 시간을 흘려보낸다. 때로는 공간이 없는 곳에서도 시간의 존재는 의식된다. 음악과 같은 예술은 공간이 없이도 가능한 것이다. 다만 시간 인식에서 공간이 중요한 것은 그것이 경험을 아로새기기 때문일 것이다. 시간의 경험 속에는 구체적인 일상뿐 아니라 추상과 상상이 스며들기도 한다. 시간경험은 무수한 반복을 거듭하지만 어떠한 경우라도 똑같이 되풀이되지는 않는다. 그러므로 시간은 흔히 지속이나 변화로 설명되기도 한다.

변화든 지속이든 의식에 표지를 찍어놓고 내게서 새삼 멀어지는 시간들은 또 무엇인가. 그리고 내 시에 스며들었던 시간은? 지금까지 나는 '삶의 시간'을 토대로 내 시를 얽어냈었다. 그것은 경험과 풍경이 상호 침투하는 시간이었다. 그러므로 그 시간은 경험세계 또는 경험의 총화인 생애라는 맥락 속에서 자각되었던 것이다. 그러나 그 의식은 사적이며, 개인적이며, 주관적이었다.

아마도 이런 시간은 경과의 등가성(等價性)으로 배분되는 과학적인 시간과는 달리 주관성을 그 특징으로 할 것이다. 여기에는 의식의 당사자가 누리는 시간경험의 비현실적 배분이나 불규칙성, 비일관성이 드러나게 된다. 그러므로 프루스트는 "우리가 매일 쓰는 시간엔 신축성이 있다. 우리가 느끼고 마음에 불러일으키는 정열은 시간을 팽창시키고 수축시킨다. 그리고 시간을 가득 채우는 것은 우리의 관습이다"라고 말했던가. 그러나 한편 우리의 시간경험은 순간의 영속성과 변화의 다양성뿐만 아니라, 이 연속과 변화의 안으로 관류(貫流)하는 어떤 지속성에 의해서도 감지된다. 그런 시간은 과학에 적용될 때는 의미가 없거나 무시되는 것이지만, 인간생활에 있어서는 심상한 의미를 띠는 것이다.

시간의 파노라마 속에서 기억들은 사건을 한 맥락으로 얽기도 하고, 그 줄거리로 여러 경험들을 취사선택하면서, 그 자체를 지우거나 강화시키기도 한다. 기억 속의 사건들은 서로 삼투하면서 사실의 객관적인 인과관계를 허물고 체험을 재구성하게도 만드는 것이다. 그러므로 문학이야말로 이 경험적 시간의 질적인 양상, 곧 의의적인 면만을 취급하는 것이 아니던가. 문학의 시간은 어쩔 수 없이 주체의 경험적인 시간,

곧 인간의 시간에 속하는 것이다.

  파도를 막기 위해 쌓은 짧은 방파제를 돌면 몇 척의 배가 거기 접안해 있다. 그곳을 지나면 새로 포장된 해안도로가 다시 한 마장쯤 이어지고, 거기서부터는 십 리가량 모래사장의 해안선이 펼쳐진다. 도로의 끝과 백사장 사이에는 인가 몇 채가 숨겨져 있고, 그 옆으로 백암산에서 흘러내린 평해 남대천의 하구가 몇천 평 습지를 만들면서 바다와 맞닿아 있다. 저쪽은 구산 자락. 고향의 지명을 떠올릴 때마다 나는 내 유년의 아득함이 거기 서려 있음을 느낀다. 저 백사장은 어릴 때는 무척이나 길어 보였다. 밀집한 해송 사이로 군데군데 해당화가 떨기를 이루고 피었었지. 그 기억이 지금의 풍경 위에 포개지면서 나는 새삼스럽게 어릴 때 보았던 해당화 군락지를 가늠해본다. 기억이 옛 시간을 되살려놓는 것이다. 그러나 지금은 솔숲 어디에도 해당화의 자취가 없다. 기억이 틀린 것일까.

  기억 속의 시간은 무의식중에 서로 다른 경험들과 섞이고 조정되고 통합되면서 원래의 위치를 잊어버리기도 한다. 그러므로 시간은 언제나 우리에게 신성한 공포를 안겨주는 형이상학적 차원의 것이다. 베르댜예프에 의하면 변화는 시간의 소산이 아니고 시간이 변화의 소산이라 한다. 변화의 소산으로서 시간은 또한 지속성을 갖는다. 변화와 지속이란 바로 시간의 이중성이다. 그리하여 우리가 현재라고 생각하는 시간은 측정하기 힘들고 명백하게 파악하기도 어렵다. 현재는 과거와 미래 사이에서 감촉할 수 없는 균형을 유지하고 있기 때문에 항상 불안정하고 깨어지기 쉬운 것이다.

보르헤스의 말이던가. 현재를 인식하려면 그것이 영원한 과거와 영원한 미래의 접점이라는 점을 고려해야만 한다. 시간은 "우리 역시도 하나의 강이라는 사실, 즉 끊임없이 변화하는 그 강처럼 우리들도 흐르는 존재라는 점을 일깨워준다". 그러므로 과거의 지속성을 인식하는 것은 현실의 자아만이 아니다. 의식의 흐름 속에서도 우리는 그것을 추억과 기대로 조율된 기억 이상의 어떤 것으로 간주한다.

삶의 실재에서 현재와 과거 그리고 미래 사이의 관계는 이렇게 중의적이다. 우리는 괴로운 과거가 사라지길 바라고, 행복했던 과거는 영속되길 원한다. 그러므로 과거처럼 미래도 희망과 우려, 불안과 환희, 염려와 해방 사이에서 출렁인다. 상승과 죽음에 맞닿아 있는 변화의 시간은 언제나 현재를 과거로 만들기 때문에 과거의 지속을 미래로 연결하는 유대 또한 파손적(破損的)이다. 따라서 시간은 죽음과도 같은 병이다.

그런데 시간의 양적 측정이 근대과학에 의해 주도되면서 인간의 체험도 과학적 분석의 대상이 되었다. 체험이 계량화되기 시작하면서 그것들이 서로를 맺는 유기적인 통일성은 파괴되었고, 별개의 독립적인 파편으로 구분되거나 분열되었다. 체험의 파편화는 그것들을 지탱하던 자아의 해체를 의미한다. 양적 시간관념이 인간생활을 지배하게 됨으로써 인간은 더욱 자신의 유한성을 자각한다. 역사의 시간이 인간에게 주는 교훈은 무자비한 변화와 무상성이다. 그 속에서의 진리는 어디까지나 상대적인 것이지 영원한 것은 아니다.

    시간의 압박감은 어디에서 오는가. 인간은 시간적인 존재이기 때문에 도리어 시간을 초월하려고 끊임없이 기투(企投)해왔다. 플라톤 이래로 제시된 시간의 해결책은 '영원'이란 존재의 설정이다. 영원이 스스로를 인식할 수 있도록 움직이는 영상으로 지어낸 모습이 시간이라는 것이다. 곧 시간이란 영원의 움직이는 영상에 해당한다. 이는 보르헤스가 "삶이란 너무 가련해서 역설적으로 불멸이 되지 않을 수 없다. 그리고 그 불멸성은 시간과 공간을 무력화시키고, 우리를 현재와 과거와 미래가 동시에 합류하는 수학적인 어떤 지점으로 이끌어준다"라고 표현한 그 맥락에 해당될 것이다.

    영원을 향한 모든 기투는 인간 체험의 가치적 양상을 띠면서 발현된다. 거기서 우리는 인간이 진리를 체득하려 애썼던 까닭을 읽는다. 진리에는 시간의 물리적 축적이 없다. 마찬가지로 시간의 가치를 체험하기 위한 인간의 기투에도 시간의 양적 부피보다 시간을 살아내는 주체의 질적 의미가 있을 뿐이다. 그 시간은 무한지속의 선형으로 표현되는 역사적 시간이 아니라, 개인적이며 수직적인 방향을 지닌, 주체의 실존적 시간이다. 그것은 영원 속으로 분출하려는 한순간의 계시이며, 그 순간을 통해 연장하는 초월의 자리다. 그러므로 그 갈망은 시간의 의식 너머로 달아나려는 몸짓이 아니라, 순간의 현재 속에 시간의 맥락을 지워버리는 행위로 나타난다. 베르댜예프 식으로 말하면 '영원에 참여하는 순간'을 현재화하려는 노력이다. 영원에 참여하는 순간을 살아가는 주체의 창조적 의지가 죽음에 이르는 병을 치유하게 만드는 것이다.

그렇다고 해도 시의 시간은 온전히 실존의 시간에 귀속되지 않는다. 그것은 낮과 밤, 계절의 변화, 출생과 성장, 소멸의 과정을 한없이 되풀이하는 순환적 질서에도 맞닿아 있는 것이다. 말하자면 우주의 시간에도 귀속된다. 그것은 언제나 저 너머의 다른 땅으로 우리를 데리고 간다. 시가 경험이면서도 경험의 중력을 벗어나는 것처럼 보여지는 까닭은 그 언어가 경험에서 솟구쳐 다른 시공에, 다른 진실 속에 착지하기 때문이다. 그러므로 시의 시간은 결코 경험 그대로의 시간이 아니다. 시의 이미지가 모순의 실재를 함께 받아안는 것도 따지고 보면 시적 시간의 이원적 조건을 승인하기 때문이다. 그것은 경험적이며 상대적이지만 영원 속에 던져진 존재라는 근원 희구의 인간 본성을 자체 속에 반영하는 것이다.

물 끝의 모래벌판은 어느새 맑아진 날씨 탓인지, 한결 부드럽고 희게 빛난다. 가까이 다가가니, 어느 물굽이에 숨어 있었던지 청둥오리떼가 수면을 박차면서 퍼덕거리며 난다. 날개에 스친 바다가 유리파편처럼 깨어진다. 살아 있다고 느끼는 순간만큼 현현하는 것들이 새롭게 보이는 때는 없다. 새로움은 내가 그렇게 자각하는 것 이상으로 언제나 내 가까이에 있는 것이다. 이제 나는 얼마만큼 저 생생한 시간들을 더 포갤 수 있을는지. 그 싱싱함도 중첩의 순간에는 이미 과거의 시간 속으로 편입되면서 낡아가겠지. 그래도 늘 보던 바다가 오늘따라 한결 신선해 보인다. 저기 물 밑을 회유하는 물고기도 어제의 그 물고기가 아닐 것이다. 혹여 어제의 물고기라고 하여도 오늘은 다른 조류에 몸을 실었겠지. 내 시는 내가 겪은 지속과 변화의 총량 가운데 지극한 부분만을 표현했을 터이다.

한낮이 겨워서야 나는 집으로 돌아간다. 노모께선 아까부터 점심을 차려놓고 늦어지는 나를 기다릴 것이다. 출렁거림이 할 일의 전부란 듯이 저렇게 고즈넉한 바다. 그 바다 위에 고여 있는 영원한 시간을 나는 본다. 아니 저 영원도 스치듯 지나가는 우주적 찰나는 아닌지. 영원이란 있기나 한 것인가. 한없이 충만한 바닷물은 언제쯤 다 마를 것인가. 속절없는 파도에 저렇게 저희끼리 부대끼면서 부서지는 모래알의 시간이 인간의 시간인가. 그 짧은 순간으로? 기껏 백 년으로? 눈앞에서 출렁거리는 저 수평선이 지금 나의 한계다. 허락된 시간이 있고, 수평선을 넘어가려던 꿈과 넘어서지 못하는 현실을 살 뿐이다. 그러고 보니 내 꿈은 한결같았지만 저다지도 작았다.

유난히 호들갑을 떨던 갈매기 한 마리가 먹이를 발견했는지 쏜살같이 파도 속으로 곤두박인다. 은빛 날개를 그 물굽이에 걸고 사뿐히 내려앉았다. 파도를 타는 것이다. 갈매기는 절대로 저기에선 익사하지 않으리. 어느새 시간의 물리적 간격이 된 파도가 토막토막 밀려온다. 너울이 갈라선 물굽이와 물굽이를 이어놓는다. 갑자기 내 환상 속으로 갈매기의 시체가 파도에 떠밀려 흘러온다. 물결에 솟구쳤다가 가라앉는다. 누군가가 내 귀에 대고 속삭인다. 저것이 너라고……

(2000)

허무의 바다

> 내 몸이 소금을 필요로 하니, 날마다 소금에 절어가며
> 먹장 매연(煤煙) 세월 썩는 육체를 안고 가는 여행 힘에 겹네
> 썩어서 부식토가 되는 나뭇잎이 자연을 이롭게 한다면
> 한줌 낙엽의 사유라도 길바닥에 떨구면 따뜻하리라
> ―「소금바다로 가다」 중에서

 허무의 바다라니! 바다는 오랫동안 내 삶의 현실이었고, 그 세목이었으며, 미지를 향한 열림의 징표였다. 어린 시절에는 바다의 흥청이 무작정 좋았고, 철이 들고 나서도 거기에 생업을 대고 살아가는 사람들의 훈기로 나는 언제나 따뜻한 자극을 받았었다. 바다는 내 시심(詩心)의 고향이었다. 그런 까닭에 내 시 속의 바다에는 삶의 구체적인 표정들이 육화(肉化)되어 있는 것이다.
 그런데 바다를 향한 나의 실재에 추상의 옷이 덧입혀졌던 것은 이태 전 미국의 서부 해안을 여행하면서부터였다. 그때의 단편적인 체험들은 오랫동안 내 무의식 속에 잠재되어 있던 허무의 한끝을 되살려내는 충격으로 다가왔다.

교환교수로 솔가해서 미국으로 건너온 지도 어느덧 반년, 두 주일을 작정하고 떠난 우리 가족의 세번째 여행길은 워싱턴 주의 한 곳, 울창한 원시림이 벌채되고 있는 넓은 벌판을 빗속에서 가로지르고 있었다. 그 벌판의 서쪽 끝, 다시 숲이 시작되는 곳에 '라 푸시'라는 묘한 지명의 팻말이 가리키는 포장도로가 뻗어 있었다. 어림짐작에는 그쪽 해안이 태평양의 연안쯤으로 믿어졌다. 지도를 펼쳐서 확인해보니, 그곳은 태평양을 끼고 휘어진 반도의 가운데, 작은 곶(串)으로 돌출해 있는 인디언 보호구역이었다. 우리 가족은 태평양을 만나보려는 일념으로 우중에 그 해안으로 차를 몰았다.

한 시간 남짓 더 나아갔을까. 비가 그치고 날이 개고 있었다. 비의 뒤끝이라, 여름인데도 살갗에 닿는 바람이 차갑게 느껴지는 언덕 아래로 망망한 바다가 펼쳐져 있었다. 조립식 이동주택이며, 허름한 목조건물이 드문드문 흩어져 있는 작은 동네가 거기 있었다. 낡은 트럭과 승용차 몇 대가 눈에 띄었지만, 정작 사람들은 찾아볼 수 없었다. 구름이 씻겨간 해안 저편에서부터 하늘은 맑아오고, 거기 어느새 낙조가 져서, 희끗희끗 뒤집히는 파도 위로 쓸쓸하게 스며들었다. 석양의 빛은 수림이 울창한 해안 만곡과 인적이 그친 마을, 그리고 작은 동산 크기의 섬들이 떠 있는 바다를 온통 적막으로 채우고 있었다.

아내와 딸들이 해안가에 밀려온 커다란 통나무 위에서 노을을 등지고 몇 컷의 사진을 찍는 동안에 나는 유난히 부드러워서 흙먼지처럼 풀썩거리는 모래벌판을 반 마장이나 혼자 걸어갔다. 여기가 어딜까, 수평선 위에 떠 있어도 희미한 흔적뿐인 석양으로 저무는 이곳은 세상의 끝이라는 북망산천이 있다면, 그곳처럼 느껴지기도 했었다.

미국에 건너가서는 한동안 입 안에서 맴도는 모국어에 대한 갈증으로 마음이 메말랐다. 그런 정황 속에서 만난 낯선 풍경 탓이었던지, 그 태평양 연안은 나에게 살아가는 일의 근원적인 쓸쓸함, 삶의 끝 간 데에 가 닿은 듯한 느낌으로 다가왔다. 곧 육신이 무화(無化)되어버린 듯한 강렬한 허무를 불러일으켰던 것이다. 황혼은 카메라 렌즈 위에 황갈색의 필터를 덧씌운 듯, 세상을 한 겹 황톳빛으로 덮고서, 쓸쓸히 저무는 해를 한참 동안이나 잡아두고 있었다.

지난 2월에, 나는 잠깐 동해의 고향집을 다녀왔다. 공교롭게도 그 시기에 이종사촌 두 명을 한꺼번에 잃었다. 둘 다 고향에서 생업을 잇고 살았었다. 서로의 직업에 몰두하느라 모른 체하고 지낸 시절이 너무 넓어서 그렇지, 사실 우리들의 유년은 얼마나 각별했던가. 이제 겨우 마흔 중반에 든 그들은 둘 다 불행한 결혼생활을 했었다. 한 사촌은 부인을 사별하고 홀아비로서 딸 둘 아들 하나를 십 년 가까이 혼자서 키웠다. 또다른 사촌은 관광버스 운전기사였는데, 술병으로 세상을 등졌다. 그도 이혼으로 결혼생활을 끝냈고, 딸 하나를 키웠었다. 그러고 보니, 이 몇 년 사이에 나는 할머니, 누님, 큰형, 아버님을 비롯해 가까운 여러 친지들의 죽음을 겹쳐서 경험했다. 아래 시는 그런 경험들이 계기가 되어 씌어진 작품이다.

내 몸이 소금을 필요로 하니, 날마다 소금에 절어가며
먹장 매연(煤煙) 세월 썩는 육체를 안고 가는 여행 힘에 겹네
썩어서 부식토가 되는 나뭇잎이 자연을 이롭게 한다면
한줌 낙엽의 사유라도 길바닥에 떨구면 따뜻하리라
그러나 찌든 엽록의 세상 너덜토록
풍화시킨 쉰 살밖에 없어
후줄근한 퇴근길의 오늘 새삼 춥구나
저기, 사람이 있네, 염전에는 등만 보이고
모습을 볼 수 없는 소금 굽는 사람이 있네
짜디짠 땀방울로 온몸 적시며
저물도록 발틀 딛고 올라도 늘 자기 굴헝에 떨어지므로
꺼지지 않으려고 수차(水車)를 돌리는 사람, 저 무료한 노동
진종일 빈 허벅만 퍼올린 듯 소금 보이지 않네
하나, 구워진 소금 어느새 썩는 살마다 저며와 뿌옇게
흐린 눈으로 소금바다 바라보게 하네
그 눈물 다시 쓰린 소금으로 뭉치려고
드넓은 바다로 돌아서게 하네
—「소금바다로 가다」전문

근래에 들어 초절(超絶)을 노래하고, 초월을 꿈꾸는 시인들이 많아지고 있다. 고해(苦海)를 달관시켜 증류수처럼 순수하게 만드는 것은

분명 부러운 일이다. 그렇더라도 나는 아직 사람 사는 일로 지분거리고 땀냄새 나는 시정(市井)에 서 있고 싶다. 비록 삶의 허기에 온몸이 옥죄어서 운신조차 힘겨워진다고 해도. 썩어가는 내 몸이 쓰다 버린 소금기의 바다는 그러니까 맹물의 바다는 아닌 셈인가.

(1993)

시로 가는 여로旅路

시간에게 침식받고 풍화되는 유적들처럼
인간 또한 미완(未完)의 시간 위에 주저앉는 나그네인 것이다.
우리가 나그네라면 잠잘 곳과 쉴 곳을 새삼스럽게 염려해서는 안 된다.
왜냐하면 길 위의 나그네는 이미 길 떠난 사람이니까.

"시는 여행에의 초대이자 귀향이다."(옥타비오 파스, 『활과 리라』, 솔) 그러고 보니 방금 나는 긴 여행에서 돌아왔다. 십여 년 만에 연구년을 맞아서, 오래 미뤄둔 과제들을 한꺼번에 해치우듯 나는 서둘러 유럽을 둘러보았던 것이다. 사십여 일에 걸친 긴 여정은 겹쳐쌓였던 상상만큼이나 오랜 기대를 부풀게 했고, 수많은 낯선 길을 심안에 걸쳐놓고 반추하게 만들었다.

이번의 여행은 그 동안 간직해왔던 추정과 망상과 고정관념들을 끝없이 게워내고 지우게 만든 좋은 기회였다. 길들은 미지의 풍경으로 다가와서 순식간에 등뒤의 유적이 되어 서늘히 멀어져갔다. 풍경을 포개고 포개다보면 마침내 주체의 시간조차 무화되고 마는 그 숨찬 여정 위에 나를 세워두는 섭리는 무엇일까. 질문이 바스라져 어떤 생각도 더는 떠오르지 않을 때까지 나는 풍경에다 대고 묻고 또 물었다. 삶의 비의(秘意)란 질문조차 넘어서고 있어서, 아무리 캐물어도 알 길 없고 나는 막막했다. 그러자 태어나고 스러지는 길 위의 시간까지 마침내 잠재워버린 눈물겨운 실존이 얼핏얼핏 스치듯 차창에 부딪혀왔다. 겹쳐진 원근이 흐려지거나 더 뚜렷해지는 그 순간에 '나'라는 실재는 희부연 얼룩으로 거기 되비쳤다.

아무리 오래된 유적이라 해도 몇천 년을 버티는 회랑의 돌기둥은 없었다. 유적이란 시간 위에 세워놓은 곧 지워질 흔적에 불과했다. 그렇다면 유적을 남기려는 구축에의 욕망은 비록 창조라 해도 허망하지 않겠는가. 시란 세계의 아름다움을 각인시키기 위해 씌어지는 게 아니라 시간의 마모를 견뎌내려는 개별자의 고독 때문에 선택되는 것은 아닐까. 그러므로 시의 세계란 긍정의 자리가 아니라 부정적 일락(逸樂)일 수밖에 없을 것이라는 생각이 불현듯 스쳐갔다. 이럴 때 나와 내 시는 허무에 가 닿는다. 부정함으로써 선택되는 자유란 저변을 텅 비운 허방과 같은 것이다.

수많은 도시와 끝없는 벌판을, 울울창창한 숲을 지나면서, 나는 또 바스라질 질문들로 스스로 애탔다. 굽이굽이 협곡을 감돌아 노르웨이의 숲을 가로질렀고, 이마 가득히 만년설을 이고 있는 빙하의 침식단애 '송네피오르'를 만났다. 배가 단애를 이어갈 때 혼자서 선상 갑판을 서성거리던 나는 산 높이만큼 깊다는 그 단구에서 혼자 자맥질하는 바다

표범 한 마리를 발견했다. 무리를 벗어나 외롭게 물 속으로 처박혔다 솟아오르는 까마득한 점 하나를 오래 넋놓고 바라보면서 저 짐승처럼 나 또한 이 풍경과 저 풍경 사이, 어떠한 맥락에 속해 있지 않아도 풍경으로 자족하다는 느낌이 갑자기 사무쳐왔다. 관계나 대답이 필요하지 않는 풍경과 존재의 자연스러운 근접이, 실존을 살더라도 존재가 풍경됨을 훼방하지 않는 개별자의 숙명이 읽혀졌던 것이다. 존재가 풍경에 포섭되어 저절로 풍경인 세계가 거기 펼쳐져 있었다. 그러고 보니 그 동안 나는 풍광을 퇴락시키며 허물어져가는 도시와 유적들 사이를 유예의 시간을 욕망하면서 한 나그네로 배회해왔던 것이다. 그런 생각들이 이어지자 다시 펼쳐지는 풍경 속에서의 어떤 집들은 그토록 자연스럽게 숲속에 파묻혀 있었고, 어떤 성채들은 절벽 위에서 허물어지면서도 홀로 우뚝했다. '나'에게서 세계로 이어지는 시선의 이동 속으로 시간을 놓아버린 주체로서의 한없는 연민과 자유가 함께 피어올랐다. 시간의 마모를 기억으로 견뎌내려 했던 실존이 갑자기 아득하고 슬퍼졌다.

한때 나는 '나'를 뚜렷하게 자각할수록 삶은 치열해지고 마침내 존재의 궁극을 이해할 수 있으리라 믿었었다. 그러다보니 시를 대했던 초년의 태도는 자연히 상처받은 존재에 대한 연민으로 점철될 수밖에 없었다. 그리하여 그냥 숨쉬고 밥먹고 하는 생래적인 삶을 넘어서서 뜻을 구하여 고양된 의식의 상태로 나아가 성찰로서의 시를 발견해야 한다고 나는 안달했었다. 이때 시로서 충일한 것은 실존적 자각에서 오는 개별자의 갈등과 의지였을 것이다. 그러나 그 번민을 잠재울 깨달음이 과연 가능했던가. 거듭 그런 과정을 치러낸들 삶에 고요가 찾아들었을 것인가. 그러고 보니 대답이 되지 않는 질문에 억지로 대답하려고 한 것이 젊은 날 내 시의 욕망이었다.

   카프카의 도시 프라하에 들었을 때 비가 왔다. 세찬 빗줄기가 아니라 오다 말다 그치는 그런 이슬비였다. 오랜 퇴락을 품고서도 도시는 아름다웠다. 보험국의 평범한 샐러리맨으로 비사교적인 삶을 살았던 고독하고 내성적인 카프카와 도시는 그렇게 어울릴 것 같지 않으면서도 묘한 조화를 이루면서 다가왔다. 폐결핵을 앓으면서, 생전에는 이해받지 못한 소설들을 쓰면서, 그가 헤맸을 도시의 어느 뒤안길, 그 부조리하고 악몽 같은 경계에 나도 함께 서 있다는 느낌으로 한참이나 가슴이 두근거렸다. 그의 모든 작품에 침투해 있는 실존으로서의 고독은 어쩌면 시간을 견뎌내고 근원으로서의 향수에 가 닿으려는 소망의 다른 모습이 아니었을까. 그런 그리움으로 나는 그의 문학의 환몽성(幻夢性)을 떠올려보았다.

   카프카가 느꼈을 이 근원에의 향수가 내 시의 남은 여정도 부추기고 설레게 하리라 믿어졌던 것은 정작 프라하를 등지고, 부다페스트로 향하는 버스 안에서였다. 순간을 무한 가까이서 체험하려는 이 헛되고 헛될 수밖에 없을 여로가 나로 하여금 또다른 시를 꿈꾸게 하리라 예감되었던 것이다. 길가의 나무들은 나무로서 숲을 이뤄 풍경이 되어 있었다. 언젠가 고사될 운명조차 모르는 채 숲의 무한에 포섭된 저 경계. 있음의 자연이 저절로 눈물겨운 것은 그 풍경에 비쳐지는 내 실존의 유한성 때문이었다.

  삶의 시간을 인식하는 것은 인간의 지각에 속하지만, 한편 그것은 괴로운 자각이기도 하다. 인간만이 모든 생명 있는 것들이 누리는 시간이 유한하다는 사실을 절감하기 때문이다. 그러나 인간에게 아름다움이란 이처럼 괴로운 자각으로 획득되는 것이 아닐까. 그러니까 인간의 미(美)에는 소멸이 그 배후에 자리잡고 있는 것이다.

  생명이 유한할 수밖에 없다는 인식으로 발전한 것이 죽음과 재생의 신화라면, 시야말로 처음부터 그 신화에 닿아 있다. 있고 없음에 대한 발견과 찬탄의 형식이 시라는 것은 곧 시가 처음부터 생성과 사멸의 신화를 품고 있다는 뜻이기도 하리라. 시를 잉태하는 생 자체가 이렇게 우주적 무한에 포섭되지만, 그러나 시의 비극은 그 신화에 가담할 수 있을 뿐 그것을 완성시킬 수는 없다는 데 있다.

  긴 여행에서 돌아온 뒤 나는 웬일로 시름시름 앓았다. 그 와중에도 버려진 시골집으로 내려가 한철 내내 우거진 잡초를 솎아냈다. 키를 넘는 망초대와 씨름하다가 '친환경농업 박람회'가 열린다는 왕피천변으로 잠시 나들이를 했었다. 내 고향 울진 왕피천(王避川)은 연어가 태어나고 회귀해오는 곳이다. 지내놓고 보니 내가 선택한 시인의 길 또한 나그네의 도정이었다. 연어는 제 몸에 새겨진 최초의 물맛 때문에 오랜 회유를 거쳐 태생의 하천으로 돌아온다고 한다. 돌이켜보면 나의 시 또한 본향의 물맛을 그리는 아련한 사무침에서 자유로웠던 적이 없었다. 그러므로 나의 시도 신화가 잉태해서 낳은 자식인 것이다.

본향은 그러나 그리워할 뿐 끝끝내 도달하지 못한다. 도달할 수 없기 때문에 그곳은 마침내 미완의 자리가 아닌가. 시간에게 침식받고 풍화되는 유적들처럼 인간 또한 미완(未完)의 시간 위에 주저앉는 나그네인 것이다. 우리가 나그네라면 잠잘 곳과 쉴 곳을 새삼스럽게 염려해서는 안 된다. 왜냐하면 길 위의 나그네는 이미 길 떠난 사람이니까.

(2005)

시를 낚는 낚시꾼

>땅 위에서는 짐작이 안 되지만
>일렁이는 수면과 속의 해류
>사이로 펼쳐지는 물고기들 고달픈 접영.
>—「버터플라이」중에서

　낚시가 취미라고 하면 곱지 않은 시선과 마주칠 때가 많다. 생명에 대한 시인다운 외경은 고사하고 놀이의 대상으로나 삼다니! 취미로 하는 낚시를 부득이한 생업인 어로(漁撈)와 구분해 잔인한 호사(豪奢)로 판단한 까닭이겠다. 그러나 생업이 아니라 취미라는 이유만으로 낚시가 지탄(?)받아야 할까. 기호(嗜好)란 어느 정도 위악적인 모습을 간직하기 마련인 것이다.

　나의 낚시행각은 아주 어릴 적부터 시작되었다. 바닷가가 고향인 사람들은 어쩔 수 없이 태생을 어로에 잇대놓기 마련이다. 감각이 의식 속으로 뿌리내릴 때부터 나는 바다와 마주하며 자랐다. 초등학교는 물론이었거니와 중·고등학교 시절까지, 거의 유일한 위안은 바닷가에서의 소일이었다. 낚시는 혼자서 할 수 있기에 나의 무료함을 달래주었다. 그러나 대학에 진학했었고, 성가(成家)하기까지 나는 한동안 낚시와는 담을 쌓고 지냈었다. 낚시를 다시 시작한 것은 삼십대 초반, 객지생활의 불안이 어느 정도 진정되고, 잠재되었던 감각들이 되살아나면서부터였다. 한두 차례 친구의 붕어낚시를 따라다니게 되면서 나는 새삼스럽게 낚시에 몰두하게 되었다.

어느 취미에나 공통성이 있겠지만 이 몰두라는 것은 낚시꾼들에게도 가히 집념으로 나타나곤 한다. 나의 생각으로는 시쓰기 또한 낚시와 비슷한 몰입의 일면을 갖고 있는 것이 아닐까 판단된다. 그리하여 이 글은 낚시와 시쓰기를 대비해보려는 것이 그 목적이다.

낚시꾼들에게 들어보면 조행(釣行)에 앞서 고려해야 할 사정은 한두 가지가 아니지만, 제대로 낚시를 즐기려면 최소한 다음의 조건들이 필요하다고 한다.

첫째, 기호다. 곧 낚시를 좋아하고 그것을 즐기면서 지속해서 유지하려는 마음가짐이다. 호기심이나 흥미를 느끼지 못한다면, 낚시야말로 지루하고 답답한 노동인 것이다.

둘째, 낚시와 관련된 상식을 갖추는 일이다. 낚시꾼은 물고기의 생태에 관련된 지식뿐만 아니라, 그 생존환경과 여건, 습성이나 생태, 먹이의 종류, 회유 장소, 잘 잡히는 계절, 낚시 방법 등 사전에 여러 가지 소상한 사항들을 어느 정도는 알고 있어야 한다.

셋째, 부단히 경험을 쌓고 기량을 연마하는 일이다. 솜씨를 숙달시켜

웬만한 수준에 이르도록 조력(釣歷)을 키워야 한다. 낚시 기술은 하루아침에 얻어지는 것이 아니라 실전을 거듭하고 자꾸 연마할수록 향상되는 것이다.

넷째, 수고로움을 감내할 줄 알아야 한다. 과학의 발달로 낚시하기가 나날이 간편해지고 있지만, 그럼에도 번거롭고 무거운 장비를 휴대하고, 접근하기 까다로운 장소에까지 이동해가야 한다. 심지어 뱃멀미를 견디는 일에 이르기까지, 조행에는 어느 것 하나 간단하다고만 할 수 없는 어려움이 뒤따른다.

다섯째, 기다리고 인내하면서 참을성을 길러야 한다. 하루를 허비하고서도 물고기 한 마리 잡지 못하는 경우가 다반사이다. 귀한 어종(魚種)일수록 낚시질이 까다롭고, 오래 승부해야 하기 때문에 더 큰 인내와 끈기가 필요하다.

여섯째, 실행된 조행에 대한 뒷마무리와 사후의 반성이 필요하다. 낚시꾼은 사로잡은 물고기를 적절하게 처리할 줄도 알아야 하며(가령, 손질이나 음식 만들기 등), 사용한 낚싯대를 언제라도 다시 펼칠 수 있도록 잘 갈무리해야 한다. 그리고 결과에 대해 반성하면서, 더 나은 낚시를 위한 새로운 구상을 가다듬어야 하는 것이다. 오늘 큰 물고기를 잡았다고 하더라도, 내일도 똑같은 조과(釣果)를 기대할 수 없는 게 낚시다. 내일의 낚시는 내일의 기대로 설레는 것이다. 거기에 낚시의 묘미가 있다고 말한다면 역설일까?

내가 낚시에 이끌렸던 것은 풋풋한 '날비린내' 때문이 아니었던가 생각될 때가 있다. 홀로 마주했던 바닷가에서의 막막함도 그러했지만, 손끝으로 스며드는 사로잡힌 물고기의 퍼덕거림이나 물비린내 등은 싱싱한 날감각을 일깨워주었던 것이다. 손안을 가득 채우는 물컹거리는 감촉은 팽팽한 긴장감으로 다가왔다.

그리고 보면 시쓰기도 내게는 낚시와 비슷한 감각을 느끼게 한다. 시작(詩作)의 출발은 우선 시에 대한 호기심과 몰두에서 비롯된다. 그리고 그 경사(傾斜) 위에 시에 관한 지식들을 포개야 하며, 부단한 습작과 연마로 창작에 대한 안목과 기량을 길러야 한다. 그런가 하면 끝없는 갈증과 허기, 실망과 충족, 회의와 반성을 거듭하면서 온전히 시가 몸으로 스며들 때까지 시적 변전이 체질화되도록 노력해야 하는 것이다.

한편, 씌어진 시들은 다음 시를 위한 반성의 자료로서 다시 갈무리되어야 한다. 낚시꾼이 실패한 조행에서도 다시 이어질 조행을 두근거리며 가늠하듯, 앞으로 쓸 시는 언제나 미지의 설렘으로 새롭게 잉태되는 것이다. 그리하여 안 씌어진 시는 잠재된 희망이다. 이러므로 시인이라면 누구나 시의 바다에서 월척의 꿈을 꾼다. 씌어진 한 편의 수작(秀作)을 우연으로 만들지 않으려면, 낚시꾼이 낚시를 위해 헌신하듯 시인 또한 시를 위한 헌신이 있어야 하는 것이다.

낚시를 하게 되면 가외로 얻는 소득이 만만찮은데, 가령 싱싱한 날고기를 먹게 된다든지, 수려한 풍광을 접하면서 무념의 경지에 빠져본다든지, 다양한 체험들이 가능할 것이다. 내겐 때때로 물고기 대신 시가 미늘을 물고 올라오기도 한다. 나의 작품 중 미늘에 걸려온 물고기 시편이 꽤 있다. 『바다의 아코디언』에 실린 「버터플라이」도 그 예다.

　　이 물고기가 왜 여기서 잡힐까?
　　노랑 바탕에 잿빛 줄무늬,
　　양쪽 지느러미 활짝 펴도 작은 나비만한
　　물고기가 낚시를 물고 올라온다.

　　한 생(生)을 바꿔놓는 것은 우연이 아닐지라도
　　남해 먼 섬이나 그보다 더 아득한
　　열대해쯤에서 이곳으로 이사한 물 밑 사정
　　땅 위에서는 짐작이 안 되지만
　　일렁이는 수면과 속의 해류
　　사이로 펼쳐지는 물고기들 고달픈 접영,
　　버터플라이로 더듬어온
　　몇만 리 유목이 흐르는지,

　　보이지 않는 물 밑으로
　　나비 한 마리 날아가고 있다.
　　　　　　　　　　　　　—「버터플라이」 전문

이 시는 실제로 고향바다 후미진 방파제에서 낚시로 사로잡았던 물고기를 시로 써본 것이다. 그곳에서는 좀처럼 보기 힘든 열대성 어종이 미늘에 걸려온 것이다. 낚시뿐만 아니라 바다와 마주하면서 얻었던 시상(詩想)을 작품으로 꾸려본 것도 적지 않은데, 「바닷가의 장례」가 그 예에 해당된다.

> 죽음은 때로 섬을 집어삼키려 파도치며 밀려온다
> 석 자 세 치 물고기들 섬 가까이
> 배회할 것이다, 물 밑을
> 아는 사람은 우리 중 아무도 없다
> 물 속으로 가라앉는 사자의 어록을 들추려고
> 더이상 애쓰지 말자, 다만 해안선 가득 부서지는
> 황홀한 파도의 띠를 두르고
>
> 서천 저편으로 옮겨진다는, 질펀한
> 석양으로 깎여서 천천히 비워지는
>
> ―「바닷가의 장례」 중에서

이 시는 낚시를 하다가 저무는 노을을 바라보면서 구상한 작품이다. 이 작품에서 나는 죽음과 삶, 어둠과 밝음, 갇힘과 탈출, 절망과 희망 등이 수없이 교차하는 우주적 장엄과 그 리듬을 내 방식으로 노래해보려고 했었다.

비록 낚시와는 상관없더라도 고기잡이를 응시하는 한 관찰자의 사색은 다음의 시에서처럼 상쾌한 발상으로 표출되기도 한다.

미안하지만 저것을 어화(魚花)라 부르고 싶다.

혹한의 밤바다 파도소리 멀리
꽃핀 고기잡이 배들의 불빛
저 차디찬 암흑의 악다구니 속에다
장약 쟁이듯 힘껏 뿌리를 박는 어로(漁撈)에게
늘 미안하지만 오늘도 아름답게 내다보인다.

그런 생각으로 천천히 방파제 끝까지 걸어나가
등대도 팔 힘을 쓴다.
　　　　　　　—문인수,「등대도 팔 힘을 쓴다」전문

이 시는 밤바다에 떠오른 어화(漁火)—실제 시에서는 '魚花'라는 조어를 씀으로써 그 풍광의 아름다움을 암시하려고 한다—의 휘황함과는 달리 고된 어로의 속내를 걱정한 시다. 먼 데서도 화려한 오징어 배의 불빛은 실제로 혹한의 밤바다, 그 어로를 가혹한 조건 아래에 둔다. 그런데 시의 묘미는 고기잡이 불빛을 아름답게만 받아들이는 시인의 민망함을 등대를 의인화시켜서 씻어내는 데 있다. 등대가 팔이 아프도록 들고 선 불빛은 겨울 밤바다의 풍랑 속에서 고단하게 이어지는 어로를 위무하고, 마음으로나마 거기에 동참하려는 시인의 따뜻한 배려로 멀리까지 번어가고 있는 것이다.

  낚시꾼은 육지에 서 있거나, 배를 탄 채 파도 위에 떠 있다. 그런데 물고기는 바다 속으로 회유한다. 시의 물고기 또한 시인의 심연, 곧 무의식의 바다 속에 있다. 보이지 않는 시의 물고기를 어떻게 사로잡을까. 시인들은 저마다 부단한 궁리로 애쓰지만, 어느 어부에게도 스스로 사로잡혀주는 물고기는 없다. 시의 낚시꾼도 몰두하여 배우고 쇄신하면서 절차탁마의 길을 가야 한다. 시간을 기다리면서 인내하는 마음가짐이 필요하다. 무심한 낚시꾼은 사로잡힌 물고기조차 놓아보낸다. 별난 시인 또한 시의 어로로 무한자유를 실천하는 사람일 것이다. 예수가 제자들에게 말씀하셨다. "너희는 사람을 낚는 어부가 되라." 큰 시를 낚는 진정한 묘미라면 나도 깊이 맛보고 싶다.

(2003)

오독(誤讀)의 가능성과 시

> 길이 있다면, 어디 두천쯤에나 가서
> 강원남도 울진군 북면의
> 버려진 너와집이나 얻어들겠네.
> ―「너와집 한 채」 중에서

 시를 발표한다는 일 자체가 이미 오독의 가능성에 닿아 있다. 따라서 작품에 대한 세평(世評)에는 일일이 괘념하지 않으려 애쓴 지가 오래되었다. 오독은 때로 필자 자신도 깨닫지 못했던 마음자락을 들춰보는 것 같아서, 감탄을 금치 못하게 하는 경우가 적지 않다. 그런 글에는 타인의 작품을 열심히 읽어내려 애쓴 평자의 정성과 노력이 깃들어 있기 마련이다.
 있을 수 있는 오독의 문맥을, 그 가능성을 시인이 미리 앞질러보면 어떨까. 그건 오독일 수 없겠지. 다음에 인용하는 작품은 나의 세번째 시집인『물 건너는 사람』에 실린「너와집 한 채」라는 시편이다.

길이 있다면, 어디 두천쯤에나 가서
강원남도 울진군 북면의
버려진 너와집이나 얻어들겠네, 거기서
한 마장 다시 화전에 그슬린 말재를 넘어
눈 아래 골짜기에 들었다가 길을 잃겠네
저 비탈바다 온통 단풍 불 붙을 때
너와집 썩은 나무껍질에도 배어든 연기가 매워서
집이 없는 사람 거기서도 눈물 잣겠네

쪽문을 열면 더욱 쓸쓸해진 개옻 그늘과
문득 죽음과, 들풀처럼 버팅길 남은 가을과
길이 있다면, 시간 비껴
길 찾아가는 사람들 아무도 기억 못 하는 두천
그런 산길에 접어들어
함께 불 붙는 몸으로 저 골짜기 가득
구름 연기 첩첩 채워넣고서

사무친 세간의 슬픔, 저버리지 못한
세월마저 허물어버린 뒤
주저앉을 듯 겨우겨우 서 있는 저기 너와집,
토방 밖에는 황토흙빛 강아지 한 마리 키우겠네

부뚜막에 쪼그려 수제비 뜨는 나 어린 처녀의
외간 남자가 되어
아주 잊었던 연모 머리 위의 별처럼 띄워놓고

그 물색으로 마음은 비포장도로처럼 덜컹거리겠네
강원남도 울진군 북면
매봉산 넘어 원당 지나서 두천
따라오는 등뒤의 오솔길도 아주 지우겠네
마침내 돌아서지 않겠네
　　　　　　　　　　―「너와집 한 채」 전문

　시에서 등장하는 '강원남도 울진군 북면'은 지도에도 없는 지명이다. 나의 고향인 울진군은 오랫동안 고구려 옛 땅이었고, 통일신라 이래로는 관동의 끝자락에 복속되어 왔었다. 어찌된 탓인지, 1963년에 행정구역이 개편되면서 강원도에서 경상북도로 경계가 바뀌고 말았으니, 그때 나는 고등학교 이학년에 재학중이었다. 대학에 진학하면서 고향을 등졌으므로, 지금껏 나의 정서적 근저에는 강원도 울진군이 뿌리내린 채 그대로인 것이다. 마음속의 지경(地境)을 고쳐놓지 못한 사정을 시로 표현했다고 해서 한 몽상가의 망상 정도로 몰아붙일 수 없는 사정이겠다.
　지난 여름 나는, 그 울진의 한창 개발중인 덕구온천을 다녀왔었다. 노천온천이었는데 지금은 옛 자취가 뭉개지고 몇 동인가, 웅장한 건물들이 들어서 있었다. 대충 온천욕을 끝낸 뒤, 태백산맥의 한 자락에 깔개를 펴고 누워, 장엄하게 저무는 산골짜기를 오랫동안 바라보았다. 겹겹의 능선들은 짙은 연무에 막 흐려지고 있었다. 일몰에 비끼는 그 경치는 형언할 수 없는 감동으로 압도해왔다. 세속과 절연된 듯한 골짜기 속 까마득한 곳 어디, 두천인가에는 몇 년 전까지만 해도 화전에 부쳐진 너와집이 있었다. 아직도 세간(世間)에 들지 못한 적막한 삶을 병풍으로 접으며, 거기서 누가 저녁을 맞고 있는가. 어떤 사람은 나무처럼 한곳에 붙박여 필생을 이울기도 했을 것이다.

그런 생각을 하면서 굽이쳐흐르는 태백의 산줄기들을 바라보는데, 안개인지 연기인지 자욱한 연무가 그 골짜기 사이로 피어올랐다. 이울어지는 날것의 풍경을 바라보는 마음에 연가(戀歌)가 사무쳐왔으니, 자연이 거느리고 있는 원초적인 생명력 탓이었을까. 출향 이래로 도시의 변두리로만 떠돌면서 입었던 마음의 상처들이 한순간 순연하게 재워지는 듯했다. 연가란 인간의 무구한 마음에서 피어오르는 생명의 리듬이 아니던가.

덕구온천을 다녀오기 전에 어느 정도 얼개지워져 있었던 이 시가 새삼 연시풍(戀詩風)으로 바뀐 것은 그날의 체험이 작용했던 탓이었다. 그러므로 이 시를 두고서 누군가가 비현실적이니 도피의 정서니 어쩌고 읽어내어도, 발표해버린 작품인 이상 나에게는 이미 속수무책인 슬하일 수밖에.

(1997)

이제는 유물이 된 초간본 시집들

> 나는 아직도 만년필로 시를 매만진다.
> 펄프 냄새 매캐한 서가 한쪽 구석에 처박혀
> 낡은 책장이나 뒤적거리는 나는,
> 그래서 어쩔 수 없이 골동품일까!

디지털시대로 접어들면서 책의 앞날에 관한 논란이 새삼스러워졌다. 인류의 지식이 무제한적으로 사이버 스페이스에 흡수되고, 디지털화한 새로운 방법으로 손쉽게 출력이 되면서 지금 우리가 보는 종이책의 미래가 언제까지 지속될까 궁금증이 생겨난 것이다. 어떤 형태로든 책이라는 모습으로야 살아남겠지만, 지금과 같은 종이책이 명맥을 잇게 되는지 알 수가 없어졌다. 책의 미래 또한 불가분 전자문명과 운명을 함께할 수밖에 없는 것이다.

표현매체의 빠른 발전은 우리가 관행으로 받아들이던 지식체계를 순식간에 바꿔놓을 전망이다. 인터넷의 보급은 일찍이 예상하지 못했던 수많은 변화를 가져왔다. 책의 저술과 전달이 손쉬워지면서 누구라도 저자로 등장할 수 있게 된 것이다. 사이버 공간을 헤집으면 네트워크 저쪽의 수많은 독자들을 상대할 수 있고 거기서 자기의 책을 팔 수도 있는 것이다. 출판이 번거로웠던 종이책의 제약이 사라지면서 수많은 저자들이 새롭게 태어난다. 그리하여 사이버 공간에서 솟아오른 저자와 독자들에 의해 재편될 출판시장 또한 지금의 형태로 존속할는지 알 수 없게 되었다.

어느 사이엔가 당연한 것처럼 여겨지는 이런 변화가 불과 십수 년 안쪽의 결과라는 사실이 놀랍다. 제록스 복사기의 출현을 경이롭게 바라보았던 것이 엊그제 같은데, 벌써 인터넷 출판세상으로 깊숙이 나아가고 있는 것이다. 퍼스널컴퓨터로 거대한 네트워크에 접목되는 한 우리는 이전보다 훨씬 간편하게 어느 때나 새로운 책과 접할 수 있게 되었다. 십수 년 전까지만 하더라도 출판된 책조차 쉽사리 구해볼 수가 없어 얼마나 애태웠던가. 연구자라면 누구나 몇 번씩은 겪었을 원전(原典)에 얽힌 고생담을 새삼스럽게 떠올려보는 것은 가히 혁명이라고 해야 할 만큼 엄청난 속도로 변해가는 문명에 대한 새삼스러운 경외감 때문일까.

석사논문을 준비하던 1970년대 후반이었다. 예나 지금이나 문학 연구자에겐 원전 참조가 매우 중요하다. 김영랑의 시를 텍스트로 정해놓고도 정작 원문을 대조할 길이 없었다. 그때만 해도 복사본이 나돌긴 했으나 아무나 쉽게 구해보았던 것은 아니었다. 그래도 우리 세대가 다행이었던 것은 복사본을 참조할 수 있었으니, 필사(筆寫)하는 노역만은 면제받았던 셈이다. 그때는 누가 어떤 자료를 갖고 있느냐가 학문의 성과로 직결되었으므로 자연히 책을 모으는 일이 공부하는 사람들 사이에 유행했었다. 자료에 대한 애착이 그만큼 클 수밖에 없었다. 헌책방을 순례한다든가 소장자를 수소문해서 복사한다든가, 빌려보든가, 여하튼 자료가 될 만한 것이라면 아무리 사소한 것이라도 우선적으로 확보를 해야만 했다. 생활비를 버느라 야간고등학교 교사를 겸하고 있었던 나는 혹시나 해서 학생들에게, 오래된 책이 집에 있으면 가져와보라고 했다. 고서일수록 희귀본일 테니까.

몇 명이 한두 권의 책을 들고 왔지만 참조거리는 아니었다. 그런데 어떤 반의 여학생이 작은 보자기를 조심스럽게 내밀었다. 무심코 풀어본 보자기 속에는 『박용철 전집』과 『영랑시집』, 그리고 시인 김현구의 육필원고와 1930년대 잡지 몇 권이 들어 있었다. 물어보니 그 여학생은 김현구 시인의 외손녀였다. 김현구라면 정지용, 김영랑, 박용철 등이 동인이 되어 1930년대에 발간했던 『시문학』 2호부터의 동인이 아니던가. 나의 주된 관심사가 그들이 활동했던 1930년대의 우리 시였으므로 맞춤의 자료를 입수한 것이다. 참조하고서 돌려주겠다 말했지만, 『영랑시집』과 『박용철 전집』은 아직도 내 수중에 있다. 그 책만은 내가 보관하고 싶었던 것이다. 말하자면 임의소장하는 셈이다.

지금 그 책들을 다시 꺼내 본다. 『영랑시집』은 사륙판에 쉰세 편의 시가 실려 있으나, 쪽수를 매기지 않아 본문에는 페이지가 없다. 양장본에 은박으로 인쇄한 속표지며 세련되게 꾸민 겉장에 별지로 커버를 입힌 모양이 지금 보아도 호사스럽다. '경성부 견지동 한성도서주식회사' 인쇄, '시문학사' 발행의 이 시집은 영랑의 숭배자며 절친한 친구였던 박용철이 정성을 다해 준비한 시집으로 지질 또한 미색의 최고급이다. 1935년에 출간되었으니, 아마도 이삼백 부만 찍은 까닭에 출판 당시부터 희귀본이었을 것이다.『박용철 전집』은 국판 양장본 케이스 입(入), 1·2권에 각 칠백여 쪽, 금박 제호에 고급 지질로 인쇄되어 있다. 박용철의 유고집 형식으로 출간된 이 전집은 미망인 임정희가 발행인이며, 출판사는 없고 총판만 '동광당서점'으로 밝혀놓았다. 친구들이 힘을 모아 정성껏 발간한 책이리라. 그러고 보니 나는 석사논문을 작성하면서 이들 자료를 퍽 요긴하게 활용했던 것이다.

　1930년대의 시집들이 이백 부나 삼백 부 한정판으로 출간됐다는 것은 백석의 시집『사슴』으로도 입증된다. 이 시집은 1936년에 출판됐는데, 백 부 한정판이다. 필자가 갖고 있는 것은 물론 복사본이며, 1980년 무렵에 외우인 평론가 김인환 교수로부터 얻은 것이다. 백석 시에 관해서 본격적으로 논의가 금지되었던(미해금 시인이었으므로) 그 무렵, 복사본 자료조차 구하기 어려웠다.『사슴』을 되풀이해 읽으면서 그의 시를 분석해보고 싶어졌으나, 그때까지 자료정리가 안 되어 있었고, 그의 시에 관한 언급도 단편적인 것들뿐이었다. 당시의 신문, 잡지 등을 뒤지면서 필자가 찾아낸 시들이 쉰여 편, 시집에 실린 시들과 합쳐「백석시고」라는 제목으로 논문을 발표한 것이 1983년 초이니, 아마도 이 시집을 얻어볼 계제가 아니었더라면 가능한 일이었을까.

　백 부나 이백 부 한정판의 책을 출간해 지기(知己)끼리 나눠 갖는다는 것은 저자 자신에게도 각별한 의미가 있었을 것이다. 책에 대한 사려가 웅숭깊은 저자라야 저술을 고려했음은 물론이다. 저서를 처음 출간할 때의 설렘은 경험해보지 않은 사람은 잘 모른다. 첫 시집『동두천』을 준비하면서 나도 얼마나 가슴이 두근거렸었던지. 그만큼 첫번째 저서는 첫사랑처럼 애틋하다. 모든 저자들에게 그 첫 경험은 한결같을 것이다.

복사본도 가능하지 않았던 시절에는 불가분 필사할 수밖에 없었다. 말하자면 베껴써야 하는 것이다. 필사의 경험은 시를 습작하던 대학 시절 필자에게도 강렬한 추억으로 남아 있다. 마음에 드는 시를 노트에다 옮겨적고서 되풀이해 읽으면서 나는 시를 공부했었다. 그때는 복사기가 없었던 시절이었다. 돌이켜보니 한 자 한 자 정성스럽게 필사하면서 기억했던 선배의 시들이 내 창작의 거름이 되었던 것이다. 직접 베껴보면서 그 속에 몰입해가는 학습은 어떤 방법보다도 효과적인 공부가 되리라. 그렇게 하면 책에 대한 애착이 각별해짐은 말할 나위가 없다.

디지털 공간에서 컴퓨터로 글을 쓰고 읽는 생활에 익숙해지면 종이로 만든 지금의 책들은 촌스러워 보일지 모르겠다. 글자 한 자 한 자를 낱낱이 채자해서 조판하던 활자시대의 관행도 원시가 되어버린 오늘날, 모든 지식은 인터넷 속에 있고, 다만 정보의 취사와 그 조립만으로도 얼마든지 일목요연한 지식체계를 보여줄 수 있게 되었다. 속도가 존중받는 시대에 누가 느릿느릿 읽어야 하는 낱장의 종이책에 매달릴 것인가. 앞으로 나타날 전자책은 속도라는 기능을 살리면서도 더 많은 지식을 압축시켜 배포할 것이다. 그때가 되면 종이책의 모습은 박물관에서나 찾아보게 될 유물은 아닐는지. 어제가 어느새 유적인 시절을 우리는 지나가고 있다.

    나이가 들어도 다들 살아남으려고 컴퓨터를 익히느라 호들갑이다. 그럼에도 나는 아직도 만년필로 시를 매만진다. 이 급격한 변화의 시대에 답답한 고서로서 낡아간다면…… 펄프 냄새 매캐한 서가 한쪽 구석에 처박혀 낡은 책장이나 뒤적거리는 나는, 그래서 어쩔 수 없이 골동품일까!

(2000)

| 대담 |

마음의 목측目測으로 재는 삶의 진정성

장만호 바쁘신 와중에도 이렇게 시간을 내주셔서 감사합니다. 『열린시학』에서 특집으로 마련한 이 대담을 통해 선생님의 시세계와 시인으로서의 삶, 무엇보다 실존적인 한 개인으로서 선생님이 겪어오신 경험과 곡절을 들을 수 있는 귀한 자리가 되었으면 하는 바람입니다. 먼저 선생님의 근황을 들려주셨으면 합니다. 수술을 하셨다고 들었는데요, 건강은 어떠신지요?

김명인 근황이라. 그러고 보니 작년에는 강의가 없었던 한 해를 보냈습니다. 오래 근무했던 대학(경기대학교)에서 보직을 맡고 있다가 직장을 옮기고, 새로 부임한 곳(고려대학교)에서는 정착하느라 분주하다보니 십수 년 쉴 겨를이 없었지요. 모처럼 얻은 연구년이어서 혼자 속으로는 기대가 컸었습니다. 미뤄왔던 여행도 다시 계획하고, 틈이 나면 책으로 엮어보려고 밀쳐두었던 흩어진 산문들도 수습하는 등 의욕이 앞섰습니다. 작년 3월 말부터 집사람과 한 달 반가량 유럽을 돌아다녔었는데, 그 탓인가, 돌아온 뒤로 피로가 가시지 않았어요. 편도선이 곪아 수술도 받았고요. 정신없이 사느라 제대로 휴식을 갖지 못한 후유증이 나타났던 게 아니었을까 생각합니다. 연구년을 얻지 못했더라면 힘든 한 해를 보냈어야 하지 않았을까 짐작되기도 하고요. 이제 새 학기를 맞았으니 심기일전해서 다시 학생들 앞에 서야지요.

장만호 네, 큰 수술이 아니어서 그나마 다행입니다. 몸과 마음이 더욱 건강해지시기를 이 자릴 빌려 기원합니다. 그렇게 바쁘신 가운데서도 새 시집 『파문』을 출간하셨습니다. 미래사에서 나온 시선집 『물 속의 빈 집』을 제외한다면 여덟번째 시집인데요, 많은 논자들이 선생님의 시집에 주목했었고, 얼마 전엔 모 출판사에서 기획한 '올해의 시'에서는 한 해의 가장 뛰어난 시집으로 선정되었습니다. 『파문』에서 선생님께서 천착하시고자 했던 특별한 주제나 방향이 있었다면 말씀해주시겠습니까?

김명인 『파문』은 한마디로 시간을 명상한 시집입니다. 삶의 시간을 인식하는 것은 인간의 고유한 자각에 속하지만, 그것은 한편으로는 괴로운 지각이기도 합니다. 인간만이 모든 살아 있는 것들이 누리는 시간이 유한하다는 것을 절감하기 때문이지요. 시간의 경험이란 어릴 때는 비교적 덜 길들여진 단순함으로, 나이 들어선 익숙하게 받아들이거나 극복하거나 외면하면서 겪어냅니다. 시간은 체험을 맥락으로 사건의 경과를 얽기도 하고, 그 얼개로 다시 새로운 경험들을 취사선택하면서, 기억 자체를 지우거나 강화시키기도 합니다. 시간 속으로 부유하는 기억들의 상호 침투에 의해 우리들의 의식은 재구성됩니다. 그러므로 시간의 인식 속에는 구체적인 감각이나 인상뿐만 아니라 반복이 가져오는 추상, 곧 관념이 스며들기도 합니다. 시간에 의해 생겨나는 관념은 무수한 회전을 거듭하지만, 경험이 그렇듯이 어떠한 경우에라도 똑같이 되풀이되지는 않습니다. 시간의 지속이란 이처럼 변화와 맞물린 짝인데, 이것이 바로 시간의 이중성이지요. 상승과 하강에 맞닿아 있는 생성과 사멸, 곧 변화의 시간은 언제나 현재를 과거로 만들기 때문에 과거의 지속을 미래로 연결하는 유대 또한 생각해보면 파손적(破損的)입니다.

변화든 지속이든 의식에 표지를 찍어놓고 새삼스럽게 멀어져가는, 그러면서 또 새롭게 다가서는 이 시간이라는 환상은 내게 어떤 의미가 있는가. 내가 겪어내는 시간은 사적이며, 개인적이며, 주관적인 시간일 뿐인가…… 결국 인간의 시간은 죽음과 맞닿아 있습니다. 나는 의식의 당사자인 내가 경험하는 시간의 실존적인 압박에서 벗어나고 싶었습니다. 순간을 무한 가까이서 체험하려는 헛되고 헛될 수밖에 없는 소망이 미망이라 할지라도 나는 그것을 실감하고 싶었습니다. 자연이 눈물겨운 것은 우리들 실존의 유한성에 대비되기 때문이 아니던가요? 인간에게 아름다움이란 것도 이처럼 시간과의 싸움에서 획득되는 것입니다.

돌이켜보면 중년 이후 오랫동안 내 시가 매달렸던 주제는 여기에서 크게 벗어나지 않았습니다. 이번 시집에서는 파문을 일으키며 확산되는 시간의 소용돌이 속으로 나의 사유를 밀어넣으려고 애썼습니다. 그러기 위해서 특정한 시간의 한 지점에서 그것을 표상하는 어떤 대상에 집착해 보이거나, 실존의 시간을 견뎌내면서 근원에 닿으려는 의지를 구체화시켜보려고도 했었습니다.

장만호 그래서 그럴까요? 제가 읽은 바로는 새 시집 『파문』에서, 죽음과 구멍, 맨홀, 블랙홀 등의 단어들이 눈에 띄었습니다. 이전의 시들이 공간적 이동과 확장을 통해 삶의 지평을 바꿔보는 경향을 보였다고 범박하게나마 말할 수 있다면, 이제 선생님께서는 죽음으로 대표되는 시간의 깊이, 시간의 구멍을 천착하시는 것인지요?

김명인 한때 나는 '나'를 뚜렷하게 의식할수록 삶은 치열해지고 마침내 존재의 궁극을 이해하는 길이 열릴 것이라고 믿었습니다. 젊은 날의 시적 자각이었지요. 그러다보니 시와 대면했던 초년의 태도는 자연히 상처받은 존재에 대한 연민으로 이어질 수밖에 없었습니다. 그러나 한편으로는 시란 세계의 됨됨이를 이해하기 위해 씌어지는 것이 아니라, 시간의 마모를 견뎌내려는 개별자의 외로움 때문에 선택되는 것이 아닐까 하고 생각했었습니다. 그런 사유들이 세계를 바라보는 제 시의 시선을 긍정이 아니라 부정, 낙관이 아니라 비관적인 전망으로 이끌었지요.

그런데 근래에 오면서 그런 과정을 거듭 치러낸들 과연 내면의 갈등을 잠재울 깨달음과 마주칠 수 있겠느냐 하는 회의가 생겨났던 것입니다. 대답되지 않는 질문들이 깊어질수록 근원에의 향수 또한 짙어졌지요. 최근의 내 시가 시간의 배후나 근거를 추적하는 데 집중되어 있다면, 그것은 소멸이나 죽음 등 근원적 질문에 가 닿으려는 잠재화된 의욕을 반영하는 것이 아닐까요?

장만호 최근까지 전집들이 많이 출간되었습니다. 신경림, 황동규, 정현종, 김지하, 오규원 시인 등의 전집들이 그 대표적인 것입니다. 선생님의 시력(詩歷)이나 시에 대한 열정으로 볼 때, 그 동안의 작업들을 전집으로 묶자는 제의가 들어왔을 것 같습니다.

김명인 올해가 개인적으로는 갑년(甲年)을 맞이하는 해라, 사실 나도 전집을 묶어볼까 생각했었습니다. 그 동안에 펴낸 시집들 중에 오자나 탈자를 제대로 고쳐놓지 못한 부분도 있었고요. 전집이란 한 시인의 시업(詩業)을 정리해본다는 뜻이 있으므로, 나도 내 시를 결산해보는 것이 어떨까 판단했던 것입니다. 그래서 출판사에 상의를 드렸더니, 그쪽의 대답이 그래요. 지금까지 여러 전집들이 출간되었는데, 당사자들이 전집을 내고 난 다음에도 왕성하게 작품활동을 하는 바람에, 전집을 다시 묶어내야 하게 생겼다고요. 듣고 보니 나도 당장에는 시쓰기를 그만둘 생각이 없으므로, 그쪽이 마련해주겠다는 선집으로 낙착되었지요. 전집은 지금이 아니더라도 언젠가는 이루어질 일이겠다 싶어져요. 생존 작가가 자신의 전집 편찬에 관여할 수 있다면 보다 엄정하고 철저한 선별이나 고증이 가능하겠지요. 그러나 한편으로는 문학적으로 과포장될 염려 또한 불식시킬 수 없으니, 생전에 내는 전집이 반드시 바람직한 것이라고는 판단할 수가 없겠지요.

장만호 넓게 보면 선생님의 시세계는 길 찾기가 아닐까 판단되는데요. 근원의 심연으로 내려가는 수직적인 길 찾기. 첫 시집 『동두천』으로부터 지금에 이르기까지 선생님께서는 줄곧 어떤 길을 찾고 계시다는 생각을 하게 됩니다. 물론 그 길은 선생님의 시에서는 다양하게 변주됩니다. 가령 「화엄에 오르다」에서 그 길은 "바위를 뚫는 천공"처럼 힘든 길이고, 그 "길을 뚫는다는 것은/그렇다, 언제나 처음인 막막한 저 낯선 흡입"으로 표현되어 있습니다. 선생님이 시에서 찾고 계시는 그 '길'의 내역이 궁금합니다.

김명인 "시는 여행에의 초대이자 귀향이다." 옥타비오 파스의 말이던가요? 그러고 보니, 나는 오랫동안 실존의 불가해성을 이해하려는 성찰의 한 방편으로 시를 따라왔던 것 같습니다. 다만 연륜을 더할수록 삶의 표면으로부터 점차 마음속을 더듬는 내면화의 길을 걸어온 것이지요. 내게 있어서 시는 마음의 목측(目測)으로 삶의 변경들에 등고선을 긋고 거기 표시된 신산스러운 세로(細路)를 더듬어가는, 그런 것이었습니다. 풍경을 퇴락시키는 시간의 유적들 사이를 욕망하면서 배회해왔던 것이 내 시였지요. 그런 점에서 나의 시에서는 유랑의 구조가 각인되어 있고, 여행자의 시선으로 씌어진 작품들이 많습니다.

지난해에는 달포나 더 되게 유럽을 여행하면서 수많은 낯선 길들을 만났습니다. 유럽으로의 여행은 지금까지 간직해왔던 추정이나 고정관념들을 게워내고 지우게 만든 자리였습니다. 질문이 흩어져버려 어떤 생각도 떠오르지 않을 때까지 나는 풍경에다 대고 묻고 또 물었습니다. 그러나 삶의 비의란 질문조차 넘어서고 있어서 여행자인 내가 아무리 캐묻고 물어도 알 길 없고 막막했습니다. 마침 노르웨이 어딘가 울창한 숲을 지나자, 문득 까마득히 만년설을 이고 선 빙하의 침식단애인 '송네피오르'를 만날 수 있었습니다. 배를 타고 협곡을 건너갈 때 선상 갑판을 서성거리던 나는 산 높이만큼이나 깊다는 그 단구에서 혼자 자맥질하는 바다표범 한 마리를 발견했지요. 무리를 잃고 외롭게 물 속으로 처박혔다 솟구쳐오르면서 까마득하게 사라져가는 점 하나를 오래 넋놓고 바라보았던 것인데요. 그러자 '저 짐승처럼 나 또한 이 풍경과 저 풍경 사이, 어떤 맥락에 속해 있지 않아도 풍경으로서 자족한 것이 아닐까' 하는, 갑자기 어떤 막막한 슬픔이 사무쳐왔습니다. 존재가 풍경에 포섭되어 저절로 풍경일 뿐인 세계가 거기 펼쳐져 있었던 것입니다. 어떤 시간 속에 놓여 있어도 존재됨을 훼방받지 않는 개별자의 숙명 같은 것이 거기서 읽혀졌던 것입니다.

장만호 홀로 자맥질을 하며 까마득하게 사라져가는 바다표범을 상상해보니 쓸쓸함을 넘어 서늘해지는 뭔가를 느끼게 됩니다. 홀로 자맥질을 하며 멀어져가면서도 스스로를 동정하거나 연민하지 않는 것들, 어떤 맥락의 감정에도 얽매이지 않고 풍경으로서 자족한다는 것, 아마 인간만이 스스로를 동정하고 연민할 텐데요. 또 그것이 우리들을 슬프게 하는 것이 아닌가 합니다. 유럽에서 만난 새로운 길과 풍경들, 선생님의 느낌들이 새로운 시로 씌어져 나올 것을 생각하니 벌써부터 기대가 됩니다.

흥미로운 것은, 시집의 제목이 '파문'이라는 것입니다. 선생님의 시에 등장하는 물의 상징과 이미지에 대해서는 익히 많은 언급들이 있어 왔습니다. 『동두천』『머나먼 곳 스와니』『물 건너는 사람』『바닷가의 장례』『바다의 아코디언』그리고 이번의 『파문』에 이르기까지, 선생님의 시집 제목 역시 물에 관계된 것들이었습니다. 특히 이번 시집에는 '파문'이라는 표제의 시가 없음에도 시집의 제목으로 삼았는데요, 한 시인에게서 이처럼 일관되게 그것도 시집의 제목으로 하나의 상징이 계속되는 것은 흔한 일이 아닌 것 같습니다. 이것은 선생님께서 의도하신 거라고 보아도 좋을까요? 아니면 출판사의 전략일까요? (웃음)

김명인 그러고 보니 이번 시집 『파문』도 물과 관계되어 있군요. 그 동안 내 시집들은 잘 안 팔려서 제목만이라도 독자들의 구매욕을 자극하도록 근사하게 붙여보고 싶었었는데(웃음), 시집 제목은 혼자서 정하는 것이 아니라서 편집자와 상의를 했지요. 그들의 제안이 '파문'이었습니다. 생각해보니 그게 잘 어울릴 것 같아서, 나는 따랐을 뿐이지요. 그런데 시집으로 묶여 나온 뒤 살펴보니, 이곳저곳에 '파문'이라는 어휘가 출렁거리고 있는 거예요. 내가 의식했든 못 했든 간에 파문은 이미 이 시집의 중심상징이었던 것입니다. 파문이란 말은 물의 이미지와도 연관이 됩니다. 그런 점에서도 그 동안 내 시세계의 지속성을 표현해주는 말이기도 하고요.

내 시에 흘러드는 물이라면 오래 전에 남진우 시인이 유려한 평문 (「물과 모래, 바다에서 사막까지」, 『오늘의시』 1992년 하반기호)으로 나를 감탄시킨 적이 있습니다. 그에 의하면 물과 모래가 내 시의 중심심상이라는 것입니다. 듣고 보니 미처 깨닫지는 못했지만 지금껏 내가 물의 무의식을 떨치지 못하고 있었다는 사실이 실감되었습니다. 우리가 유년기의 각인에서 결코 자유스러울 수가 없다면, 나는 줄곧 물에 빠져 허우적댄 셈입니다. (웃음) 태생이 바닷가인 사람들은 바다의 굴레를 결코 벗어버릴 수 없는 법이거든요.

장만호 네, 그렇군요. 선생님의 시에서 보여지는 '물'과 '바다'는 선생님께서 어느 대담에서 말씀하신 대로 낭만과 자연으로서의 바다가 아니라, 구체적이고 실존적인 삶이 녹아 있는 상징인 것 같습니다. 그래서 더 어지럽습니다. 사르트르 식으로 표현하자면 '잡히지 않는 전망'으로 가득 찬 것들이라는 생각이 듭니다. 남진우 시인의 그 논문이 발표된 지 많은 시간이 흘렀습니다. 다시 여쭙고 싶습니다. 선생님에게 '물/바다'는 어떤 의미입니까?

김명인 내 고향 후포는 그 이름만큼이나 후미진 곳입니다. 험준한 태백산맥이 외줄기 해안선으로 동해와 경계를 세운 그 어름에 자리잡은 자그마한 어항입니다. 한낮이 조금 기울면 어느새 산 그림자가 해안선을 덮어버리는, 척박한 자연환경 탓에 사람도 땅도 거친 생존에 길들여진 그런 곳입니다. 어릴 때 살던 집에서 보면 긴 해안선이 반짝이는 은모래밭을 끌고 몇십 리나 펼쳐져 있어서, 수평선의 눈금 안쪽은 언제나 출렁이는 바다와 가파른 산맥으로 가득 차곤 했었습니다. 그러니 바닷가에서 세상과 처음 마주친 나에게는 물의 상상력이란 선험적인 지각에 가까울 것이므로, 어쩔 수 없이 내 시에서는 물질 무의식의 바탕을 형성하고 있다고 믿어집니다.

장만호 또한 선생님에게서 '물'은 곧 '집'이라는 장소와 맞닿아 있다고 여겨집니다. 선생님의 초기 시 「영동행각 4」에서 보면 "아버지, 내 집은 길 내 집은 물 내 집은/건너편 바위에/부딪혀 되돌아서는 산울림"이라는 구절이 나옵니다. 아마 이때부터 선생님의 길과 물에 대한 천착이 예비되어 있었던 것 같다는 생각도 해봅니다. 또한 선생님의 오랜 친구이신 평론가 김인환 교수께서 쓰신 「내가 만난 김명인」이라는 글에도 선생님의 '지상의 집 한 칸 마련하기'가 소개되어 있습니다. 새 시집 『파문』에도 「집」이라는 시가 실려 있던데요. 인용해보면, "이십 년도 넘게 나는/언덕길 막바지 이 집을 버텨왔다/지상의 집이란/빈부(貧富)에 젖어 살이 우는 동안만 집인 것을/집을 치장하거나 수리하는/그 쏠쏠한 재미조차 접어버리고서도/먼 여행중에는 집의 안부가 궁금해져/수도 없이 전화를 넣거나 일정을 앞당기곤 했다/언젠가는 또 비워두고 떠날/허름한 집 한 채/아이들 끌고 이 문간 저 문간 기웃대면서/안채의 불빛 실루엣에도 축축해지던/시퍼런 가장(家長)의/뻐꾸기 둥지 뒤지던 세월도 있었다"고 되어 있습니다. 선생님께 '집'이란 무엇입니까?

김명인 나는 태어나서 지금까지 줄곧 떠돌면서 살았다는 느낌을 갖고 있습니다. 아버지께서 관계하셨던 광산의 사택에서 출생했지만, 곧 할머니가 계셨던 아랫마을로 이사했고, 장사하시던 어머님을 따라 시장동네로, 다시 7번 국도변으로, 좁은 시골에서도 번번이 이사를 다녔습니다. 떠돌이생활은 성년이 되어서도 이어졌지요. 군대에 입대해서도, 그리고 직장을 잡고 결혼을 하고 난 뒤에도, 나는 남들의 몇 곱이나 자주 옮겨다니면서 살았습니다. 자의적인 선택이 아니라 불가피했던 이사였지요. 지금 사는 집에서 스무 해를 꿈쩍 않고 견디고 있는데, 말하자면 떠돌이의 보상심리 같은 경우일 것입니다. 그러므로 내게 집은 각별합니다. 집은 보금자리이기 이전에 정주(定住)한다는 의미, 말하자면 마음을 내려놓는 성소와 같은 곳입니다. 따라서 집이 없다는 것은 생의 뿌리가 뽑혀 부유하는 삶을 살아가게 되었다는 뜻으로 받아들이곤 했습니다. 떠돌면서 산 나의 삶이 집이라는 실체에 유달리 민감하도록 이끈 것이지요. 지금도 내게는 어머님이 기도원 하시다가 비워둔 시골집이 한 채 있는데, 작년 6월에 가보니까 몇 달 버려둔 집이 온통 잡초에 파묻혀 있어서 가슴이 아렸습니다.

장만호 말씀하신 대로 선생님은 여러 나라와 지역을 체험하셨습니다. 그 체험들이 고스란히 선생님의 시 속에 녹아 있다고 생각되는데요. 특히 미국 체류의 경험을 듣고 싶습니다. 왜냐하면, 이 시기를 전후로 선생님의 시가 커다란 변모를 겪고 있다고 생각되기 때문입니다. 시집 『물 건너는 사람』이 그 변화를 증거하고 있습니다. 마음과 길, 전생과 윤회, 그리고 내면화된 그리움 등이 이 시집의 안과 겉을 감싸고 돕니다. 그것은 여행의 기록이자 동시에 마음의 기록인 것 같습니다.

김명인 첫 시집 『동두천』을 펴낸 뒤로 나는 몇 년간 시를 쓰지 못했습니다. 그때까지 내 시의 바탕이기도 했던 '펼치는 사랑과 접히는 마음 사이의 갈등'이 너무 커서 차라리 시쓰기를 포기하려고 했었지요. 초년의 교수로 대학에 자리잡았던 1980년대 초중반에 나는 제대로 가르치고 연구하는 학자로나 견뎌보려고 애썼습니다. 그러다가 어떤 계기로 십 년 가까이 담을 쌓았던 시 창작을 다시 시작했지요. 영영 시를 쓸 수 없을지도 모른다는 강박만으로, 처음 습작할 때보다 몇 곱절 어려움을 겪으면서 회복기를 거쳤고, 마침내 두번째 시집 『머나먼 곳 스와니』를 상재할 수 있었습니다. 이 시집을 펴내자마자 교환교수로 일 년간 미국에서 체류했습니다.

유타 주의 브리검 영 대학교에서는 한국문학을 가르쳤었는데, 유타라는 곳이 궁벽한 서부의 사막지역이라, 저절로 거칠고 외로운 방황이 되었지요. 나는 틈날 때마다 주변을 떠돌았던 것입니다. 그 배회를 통해 나는 내가 시를 쓰려는 까닭이 무엇인가를 곰곰이 반추해볼 여유를 가질 수 있었습니다. 그 낯선 땅에서 내가 발견한 것은 수많은 갈등이나 상처를 퇴적시키며 내 속에 쌓여 있는 어떤 그리움이었습니다. 세번째 시집인 『물 건너는 사람』은 그런 그리움이나 상처와 등고(等高)를 이루는 나의 수락과 체념이 원경(遠境)이 된 시집이라 할 수 있습니다. 눈에 보이는 것보다 마음의 움직임을 따라나서게 되면서 나는 이전의 갈등들을 어느 정도 극복할 수 있었고, 보이는 흔적만을 전부라고 믿는 주관적인 인상에서도 벗어날 수 있었습니다. 그러고 보니 유타 시절은 내 시에 변화의 계기를 마련해준 시기입니다. 그때부터 마음이라는 세로(細路)를 따라나서는 내면화의 길이 열리기 시작한 셈이지요.

장만호 어떻게 보면 선생님의 시는 넓은 의미에서의 '여행시' 혹은 '기행시'라고 판단해도 좋을 것 같습니다. 여행시는 단순화시켜 말한다면 몸의 이동이 곧 마음의 이동이라는 것을 시로 보여준다고 하겠습니다. 나의 육체를 다른 물리적, 지리적 공간에 위치시킴으로써 마음의 지평이나, 현실과 삶이 지닌 다양한 기미와 계기를 포착하는 것입니다. 여행은 선생님께 어떤 의미입니까? 또한 진정한 여행시가 담보해야 할 것은 무엇이라 생각하십니까?

또한 선생님은 초기 작품들을 일컬어 "벗어남과 끌어당김"이라는 중첩된 갈등으로 가득 차 있는 시들이라고 말씀하셨던 걸로 알고 있습니다. 그 말씀은 "그리움과 기다림"이라는 표현으로 치환될 수도 있다고 생각합니다. 그리움이 대상을 향해 가고자 하는 확산의 마음이라면, 기다림은 언제일지 모르는 대상의 도래를 맞이하기 위한 수축의 마음이라고 말해도 될 것 같습니다. 벗어남과 끌어당김, 그리움과 기다림은 이렇게 중첩되어 하나의 원환을 형성할 수도 있겠지요. 결국 이것들은 무수히 떠났으되 무수히 돌아올 수밖에 없는 여행의 구조에 수렴될 수 있습니다.

김명인 크게 보면 사람살이가 곧 행로인 이 지상에서 여행 아닌 길이 어디 있겠습니까? 그러나 우리가 여기서 말하려는 여행은 행려자의 도정이니, 그것은 한 장소에서 다른 장소로 이동한다는 의미가 담겨 있습니다. 그런 점에서 나는 내 시를 '여행시'라고 읽어주기보다는 '풍경의 발견'에 바쳐진 '풍경시'라고 불러주길 바라고 있습니다. 여행은 지리적 체험이지만, 풍경의 발견은 존재론적 사건입니다. 풍경은 바라봄을 계기로 이행되는 인간의 심리적 현상을 포섭하기 때문입니다. 풍경은 대지의 투시형태만을 지칭하는 것이 아니라, 우리들의 내부에서 발생하는 이미지의 생성까지 함축합니다. 물론 풍경 또한 여행자의 시선을 전제로 하지만, 그렇더라도 그것은 단순한 경관으로 발견되는 것이 아닙니다. 거기에는 주체의 지평에 겹쳐지는 시각적 전체상이 떠오르며, 따라서 자아의 시선이 호응하고 공명하는 내적인 공간표상이 구축됩니다.

　단순히 낯선 땅이나 둘러보고 그 인상이나 기록한 기행시라면 나는 그런 작품은 마땅치 않게 받아들입니다. 내 시가 독자들의 눈에 그렇게 비춰지는 것도 경계합니다. 나는 풍경의 체험 혹은 풍경미의 구조를 파악하기 위해서는 시인인 인간의 욕구와 자연의 실재가 적정한 상호 침투를 이루는 경지에까지 나아가야 한다고 믿고 있습니다. 진정한 기행시는 스치듯 지나치면서 지리적 인상이나 기록하는 공간체험의 시들이 아니라, 오래 한곳을 맴돌면서 그 풍경에 주체의 내면적 시선을 심어놓는 그런 시여야 한다고 생각하는 것입니다.

　장만호 유타 경험은 삶에 관한 질문들로 이루어졌다고 말씀하셨습니다. 그리고 우리 모두는 '단독자'라는 말씀도요. "단독자는 어떤 식으로든 막막할 수밖에 없다" "우리의 삶도 자연의 일부이며, 어떠한 삶을 선택하든 무미건조한 것은 아니다" "결국 삶을 어떻게 생각하는가 하는 것은 마음의 문제다. 마음의 발견이야말로 내 삶에 의미를 주는 것"이라고 선생님은 말씀하십니다. 우리가 단독자라는 생각이 모든 공간을 변경으로 만들고 있는 것인가요? 그렇다면 우리가 발붙이고 있는 '지금/여기' 역시 변경이나 경계의 삶이 아닐는지요?

김명인 사실 시란 '나'가 누구인가 묻고 따져보는 데서 그 출발점을 구하기도 합니다. 시는 대개 질문과 대답, 곧 자문자답 속에서 잉태되는 것입니다. 그리하여 '나'는 누구인가, 왜 그것을 묻는가, 어떻게 묻는가, 등등의 내용들을 고스란히 형식화합니다. 그러나 또한 시적 물음이란 그 나름의 대답을 내재시키는 자족적인 질문입니다. 시는 질문하지만 한편으로는 이미 마련된 그 나름의 대답을 물음 속에 갈무리하고 있는 것입니다. 그러므로 시의 질문은 물음을 넘어서는 질문인 셈이지요. 내 초년의 시들은 '나'를 드러내려는 절박한 의지가 시의 중심이 되어야 한다고 믿었던 결과물이었습니다. 그냥 숨쉬고 밥먹고 하는 허락된 실존을 넘어서서, 뜻을 구하여 고양된 의식의 상태로 나아가게 하는 동력으로서의 시를 발견해야 한다고 생각했던 것입니다. 이때 시로서 충일한 것은 체험으로 생생해진 개별자의 갈등과 의지였을 것입니다. 그러나 그 고뇌를 잠재울 깨달음이 과연 가능한 일입니까? 거듭 그 과정을 치러낸들 실존에 고요가 찾아들겠습니까? 유타 시절이 제 시에서 중요한 것은 그 시기를 계기로 풍경이 늘 고통스러운 것만은 아니라는 사실을 비로소 발견하게 되었다는 것입니다. 사막의 그 삭막한 풍경에 섞여들면서, '나'에게서 세계로 이어지는 주체의 시선을 놓아버린 상태로도 한없는 연민과 자유를 느낄 수 있다는 것을 나는 비로소 깨닫기 시작했던 것입니다.

사실 모든 경계에 선 삶의 인식들이 그렇듯이 '벗어남'과 '끌어당김'이라는 이 모순성은 내 시의 이항대립적 주제이기도 합니다. 아마도 그 극명한 표현이 「동두천」 연작에 나오는 '더러운 그리움'이라는 이중 형용일 것입니다. 지각하기 시작하면서 내가 바라본 바다야말로 추동의 공간이자 침강의 공간이었으며 열린 공간이자 닫힌 공간이었습니다. 멀리 뻗어나가는 수평선은 이곳에 내가 갇혀 있음을 역설적으로 보여주면서, 내 생의 망망대해 너머 무엇이 있어 나를 기다리는지, 보이지 않는 운명을 궁금하게 만들었습니다. 바다는 경계에 갇힌 자아의 왜소함을 끝없이 확인시키면서, 한편으로는 가없는 그리움과 탈출에의 욕망으로 나를 부추겼습니다. 어릴 때부터 내게는 이 이중성이 무의식으로 자리잡았겠고, 그것은 역설적으로 내가 경계에 서 있는 사람임을 뼈저리게 했을 것입니다. 자라면서 나는 내가 선 자리에서 무조건 비켜나고 싶었습니다. 그러나 둘러보면 언제나 그 언저리를 맴도는 자신을 발견하곤 했던 것입니다.

장만호 "나는 편협한 엄숙주의자"라는 말씀도 하셨습니다. '단독자'라는 표현과 같은 맥락인가요?

김명인 한동안 나는 삶 속으로 어쩔 수 없이 스며드는 적막이나 쓸쓸함 따위가 무엇보다도 시의 큰 자산이 아닐까 생각했었습니다. 그리하여 타고난 격절(隔絶)을 자초함으로써 시를 내 고립 가까이 매어두려고 했습니다. 아마도 『물 건너는 사람』 이후 한동안의 시들이 그런 모습을 띠고 있었을 것입니다. 그러나 고립에 기대는 것은 형해뿐인 시에 닿는 일이어서 삶의 구체와 거칠게 접촉하는 과정에서 솟아오르는 생생한 감동을 기록하기에는 적절한 방법이 아니었음을 깨달았습니다.

어떻게 보면 내 시는 내가 판단해도 삶의 짐을 과부하(過負荷)로 지고 있는 것이 아닐까 판단될 때가 많습니다. 시작의 이런 태도는 스스로에겐 자명해도 독자들에게는 쉽게 받아들여지기 힘든 세계이지요. 실존의 외로움에 오래 침윤된 사람이 사람살이의 외곬에 빠져드는 것은 당연한 결과겠지만, 그 갈등과 긴장을 시로 일상화하라고 요구한다면, 독자들에게는 지나친 바람일 것입니다. 시란 때로는 갈등의 드라마를 단숨에 해소시키는 명쾌함이 있어서, 독자의 폐부를 찔러오는 후련한 쾌감이나 일탈의 즐거움 등을 동반해야 하는 것이라고 믿어지기도 하거든요. 그런 점에서 실존의 고뇌와 삶의 진정성을 아로새기고 있더라도 정색을 하며 다가서는 내 시는 독자들에게는 너무 무거운 부담이 되기도 할 것입니다.

장만호 하지만 선생님의 시가 지니고 있는 그런 고뇌와 진솔한 삶에의 기투가 선생님의 시를 독보적이게끔 하는 가장 중요한 지점이 아닌가 생각합니다. 더구나 최근의 우리 시단의 경향에 비추어볼 때, 선생님의 그러한 시도가 한국시에 의미 있는 균형을 잡아주는 일이라는 것을 누구도 부인하지 못할 것 같습니다.

선생님의 시를 접했을 때, 저에게 인상 깊었던 것은 설의문과 의문문이 많이 쓰인다는 것이었습니다. 어떤 연구자는 선생님의 시를 "자문과 회의의 문법"(이선이)이라고 말한 적이 있습니다. 저 역시 선생님의 시적 특질의 하나가 "방법론적인 반문과 부정, 설의와 회의의 언어"라고 말하고 싶습니다. 선생님의 그런 방법들에서 물음이 대답 이상의 훌륭한 질문이 될 수 있다는 것을 느꼈습니다. 또한 선생님은 부정어법을 많이 사용하십니다. 저는 이러한 부정어법이야말로 선생님의 세계관에 닿아 있는 것이라고 생각해본 적이 있는데요. 그러니까 현실은 완강하고, 그것을 질서 세우는 것은 어렵다, 무수한 계기로 이루어진 '현실/세계' 속에서 그것들을 드러내는 것은 '이것이다'라는 단정이 아니라, '이것은 아니다'라는 부정을 통해서 현실에 다가서려는 태도가 아닐까 생각했습니다. 부연하자면, 사실로서의 세계를 제시하기보다는 당위를 벗어난 세계를 부정함으로써 진실을 일깨우는 것이라고나 할까요.

김명인 되짚어보니 그렇기도 하네요. 어느 평자는 또 내 시가 느릿느릿 변죽을 두드리는 눌변의 언어로 핵심에 다가서는 이채로운 시법을 활용한다고 말했습니다. 사실, 사물의 정곡을 찔러 말하기가 얼마나 어렵습니까. 사태가 분명한 것일수록 말하기도 조심스러워집니다. 언어의 불완전성이 표현의 길을 좁혀놓기도 하고요. 진실 앞에서 항상 머뭇대는 것이 시인이겠지요. 유독 낯가림이 심한 제 천성적인 주저가 문체에서도 배어나오는 것이 아닌지.

장만호 유종호 선생님은 선생님 시의 어조를 두고 "우수와 우회의 만

연체는 매력적이고 독자적인 경지이며 자못 감염적"이라고 하셨습니다. 그러한 평가에는 선생님이 즐겨 사용하시는 '행간걸침'에 대한 의식이 작용한 것 같습니다. 일반적으로 행간걸침의 방법은, 리듬의 연속성과 속도감이 생겨나게 하고 진술의 박진감을 창출합니다. 또한 그것은 의미를 지연시키고 독자로 하여금 앞 행을 다시 읽게끔 하는 효과를 가집니다. 이러한 견해에 대해 선생님께서는 어떻게 생각하십니까? 그런 어법을 선택하신 선생님만의 계기랄까, 의도를 듣고 싶습니다.

김명인 질문과 대답의 연속성을 차단하려고 의식적으로 행간걸침을 사용하기도 했습니다. 행간걸침을 집중적으로 실험한 것이 시집 『동두천』이었다고 생각되는군요. 내 시 이전에도 그런 시도가 있었겠지요. 그 시집에서 행간걸침이라는 기법을 일관되게 사용한 까닭은 삶과 현실 사이의 단층이 자주 의식되었고, 따라서 시행들을 엇갈리게 함으로써 독자들에게도 그 불편을 감내하도록 만들어주고 싶었던 것입니다. 삶이 불편한데 리듬을 편안하게 받아들인다면 온당치 않은 것이라고 판단했던 것이지요. 행간걸침은 갈등의 시간들을 분절로 도막내어 읽어달라는 주문이었습니다. 내 시가 편안하게 읽혀서 독자들에게 일상성의 한 모습으로 받아들여지는 것을 경계했습니다. 이런 리듬은 당시 젊은 독자들은 몰라도 전통 서정에 익숙해 있던 선배시인들에게는 당혹감으로 다가갔던 것 같습니다. 그들은 나의 문체를 이해하지 못했고, 아예 리듬이 없는 산문체로 판단했었지요. 이제는 독자 일반에게도 오래 익숙해진 문체가 된 것 같습니다.

장만호 선생님은 「나는 왜 문학을 하는가」라는 글에서 다음과 같이 말씀하십니다. "진정한 시의 힘이란 사물에 삼투하려는 심상의 강렬한 조응으로부터 솟아오르는 것이 아닌가 하는 믿음이 들었다" "체험의 직접성과 구체성에 가 닿는 정서" 또는 "감동은 현실의 대지에서 자란다" 등의 언급들이 제게는 인상적입니다.

선생님은 처음부터 현실과 시가 일치하는 행보를 보이셨습니다. 『물 건너는 사람』 이후로 그 발언은 내면을 향하는 것으로 변모했지만, 삶과 시가, 시인과 시가 합치되는 그런 시를 쓰시려고 노력하신 것으로 알고 있습니다. 체험과 시의 상관관계에 대한 선생님의 말씀을 듣고 싶습니다.

김명인 데뷔한 뒤, 한동안 나는 시를 관념이라고 판단했습니다. 그러나 어느 순간에 반성이 왔습니다. 시인으로 살아간다는 것은 스스로의 삶을 사는 일이고, 주어진 시간을 생생하게 거쳐가면서 그 감응으로 나와 남들과 세상을 함께 이해하는 일이라고 깨닫기 시작한 것입니다. 시는 결코 나와 동떨어진 먼 곳에 자리한 것은 아니었습니다. 나에게로 다가오는 사람살이의 실체적 구체성이야말로 한 시인으로서의 내 인식의 바탕을 이루며 경험의 고유성을 결정한다고 믿기 시작하면서, 나는 내 시가 삶의 개별성에 더 가까이 다가서야 한다고 생각했습니다. 이러한 태도가 반영된 시편들이 「동두천」 연작이지요.

그러나 한 삶의 고유성은 그렇게 살기를 간절히 희구하는 사람, 곧 그 삶을 진정으로 누리려고 애쓰는 사람의 의지에 의해 획득된다는 점을 깨달았던 것은 젊은 날의 열정이 어느 정도 다스려진 뒤였습니다. 시의 감동은 자기만의 시간을 제대로 겪으면서 살아가려고 애쓰는 사람들의 열망 속에서 구체화되는 사건입니다. 그러므로 그 열망에는 한 사람이 간절히 염원하고 진실로 소망하는 어떤 '진정성'이 깃들어 있기 마련입니다. 이 '진정성'은 누구에게나 가식 없는 삶의 근거를 들춰보게 하지요. 그것은 자기를 반성하고 세계를 바꾸어가려는 주체자의 의지에 연결될 뿐 아니라, 시대의 정신에도 가 닿습니다. 그러므로 '진정성' 속에는 반성과 갱신의 의지, 탐구와 실천의 정신이 스며듭니다. 시와 삶이 함께 가야 한다는 말은 그런 뜻입니다. 시로써 진정한 감동을 맛보려면 삶과 시는 한자리에 놓여질 수밖에 없다는 것이지요.

장만호 초기 시에서 선생님은 우리의 현실적 삶을 폭로하고 고발하는 시편들을 많이 보여주셨습니다. 최근 혼혈인 문제가 사회적인 관심사로 떠오르고 있는데, 선생님께서는 『동두천』과 『머나먼 곳 스와니』를 통해 그 문제를 오래 전에 제기하셨습니다. 현실의 상황과 여건은 여전합니다. 그러나 시는 더이상 그런 주제를 작품화하지 않습니다. 문제가 해소된 것일까요, 아니면 '진정성'의 방향이 달라진 것일까요?

김명인 내 첫 시집 『동두천』에는 혼혈인에 대한 감상이 많이 진술되어 있습니다. 최근에 미식축구 선수 하인스 워드가 우리나라를 방문하면서 나라 안팎이 떠들썩했었습니다. 유명인사를 환영하는 열광적인 모습이었지요. 혈육의 자랑스러운 개선이라고 야단법석이었습니다. 그런데 그의 모습을 보고 있노라니, 환대를 받을 만도 하다는 생각이 들었습니다. 그의 스토리는 반쪽짜리 한국인의 인간승리가 아니라, 한 사람의 당당한 젊은이가 최선을 다해 주어진 역경을 이겨낸 성공담인 것입니다.

지금도 그렇지만 우리에게는 터무니없는 순혈주의(純血主義)나 맹목적인 민족주의가 실재합니다. 우리 모두가 혼혈인들을 얼마나 차별하고 냉대해왔었습니까. 아직도 이주노동자를 향하는 시선에는 그런 피가름이 엄존해 있습니다. 그러니 여전히 혼혈인의 문제는 '지금/여기'의 문제인 것입니다. 내가 동두천에서 교사를 했던 그 무렵에는 실상이 더욱 심각했었지요. 이제 우리나라는 세계의 앞줄에 서서 인류의 운명을 논할 만큼 국력이 신장되었습니다. 혼혈인의 문제도 국수주의적 시각으로는 해소되지 않을 것입니다. 국가적으로는 겨레나 민족애를 소중하게 생각하더라도 지구촌의 보편적인 인권에도 보다 많은 관심을 가져야만 합니다. 혼혈인을 대하는 태도 또한 그들이 절반의 혈통을 갖고 태어난 반쪽짜리 한국인이 아니라 차별받지 않고 살 권리가 있는 당당한 국민임을 인정해야만 합니다. 의식을 바꿔야 관심과 배려가 생겨납니다. 그래야만 우리나라도 비로소 세계화를 논할 자격이 있을 것입니다.

장만호 최근의 시들을 읽다보면 사람 사는 일과 분리된 시, 언어 안에서만 노는 시, 마음의 무질서와 모순어법을 전략으로 삼는 시를 자주 볼 수 있습니다. 선생님께서는 최근의 시인들의 그런 시도를 어떻게 생각하십니까?

김명인 문학은 기존의 문법에만 기댈 수 없습니다. 과거를 저버려도

안 되겠지만, 지난날에 집착해서는 문학사의 근거가 무너집니다. 부단한 자기 갱신의 노력과 실험의식이 필요한 까닭이지요. 그런 의미에서 최근 젊은 시인들의 실험성도 긍정적으로 받아들입니다. 현실을 차폐시키고 환상 속으로 스며드는 것도 역설적으로는 시대의 삶을 읽어내려는 의지가 아니겠습니까. 그렇다고 해서 실험을 위한 실험, 환상뿐인 환상만을 거듭한다면 이는 시에서나 삶에서나 너무 무의미한 일일 것입니다. 새로운 실험이 세계의 쇄신에 어떤 보탬이 되는가 곱씹어보아야 합니다. 새로운 실험이 없다면 문학사는 정체되고, 허망한 실험이 거듭되면 문학은 고사합니다. 문학사에 생기를 불어넣는 유의미한 실험들이 왕성할수록 우리 문학사는 풍요로워집니다.

그런 까닭에 최근 젊은 시인들의 시에서 지나치게 확산되는 환몽성의 베껴먹기에 나는 적지 않은 우려를 지니고 있습니다. 이는 회고적 서정으로 퇴행하는 또다른 젊은 시인들에게서 받는 어두운 인상과 동궤의 것입니다. 한때 생태시가 유행했었지요. 시가 생명현상을 노래해야 하는 것은 당위지만, 집단적인 최면처럼 거기에 빠져든다면 문제가 있지요. 문학은 저마다의 개성으로 승부하는 세계입니다. 그러므로 누가 무엇을 하든 자신을 지켜내는 것이 중요합니다. 젊은 시인들은 당대를 치열하게 살아야 할 뿐 아니라, 미래 또한 열정으로 끌어안아야 할 책임이 있습니다.

장만호 네. 선생님께서는 또 "지금 나는 살아가는 현실의 구체성들이 시의 전경에서 점차 사라져가는 모습을 안타깝게 지켜보고 있다.

(……) 마음의 지축들이 허무하게 무너져내리는 모습을 지켜보는 일은 너무 쓸쓸하다" "어떤 불멸일지라도 의미가 없을 이 지상에서는 우리 인생이란 유한한 것들과 함께 포섭되어서 아름다운 것이 아니던가"라고 말씀하셨습니다. 저는 이 대담을 준비하면서 선생님의 이력을 엿보게 되었습니다. 저는 시뿐만 아니라 삶에서 일가를 이루기 위해 자신의 길을 묵묵히, 그러나 힘차게 걸어오신 선생님의 이력을 오래도록 보고 있었습니다. 선생님께서는 스스로를 엄숙주의자라고 말씀하셨지만, 동시에 저는 견인주의자의 모습도 함께 보았습니다. 그것은 저에게 일종의 충격이었고, 채찍이었고, 삶의 다른 지평을 생각해보게 하는 계기였습니다. 그러한 가르치심에 대해 이 자리를 빌어 감사드립니다. 마지막으로 선생님이 생각하는 현실, 삶 그리고 인생, 무엇보다 시에 대해 편안하게 말씀해주십시오.

김명인 시인들뿐만 아니라 창조적인 사람이 갖추어야 할 덕목을 나는 용기, 독립심, 상상력, 감수성 등이라고 꼽아봅니다. 시인을 두고 말한다면 '용기'는 창신(創新)에 투신하려는 무모함을 부추기고, '독립심'은 나와 남이 차별되는 개성을 키우고, '상상력'으로 미래의 밭을 갈며, '감수성'으로 세상의 갈등을 끌어안습니다. 그리하여 시쓰기는 이 네 가지 집중된 힘들을 한데 모아 주어진 숙명과 마주 서는 일이기도 합니다. 거기서 인간 염원의 전경화가 이루어지겠지요. 그러나 완성되는 인간의 신화가 어디 있습니까? 인간적 뮈토스는 끝끝내 그리워할 뿐 마침내 도달하지 못하는 본향을 간직하는 데서 비롯된다고 믿고 있습니다. 우리에게 완성이 없기 때문에 시인 또한 완성을 그리워하는 길 위의 나그네들인 것입니다.

대담·정리 장만호(시인)

(『열린시학』 2005년 가을호 전재, 2006년 2월 자구 수정)

문학동네 산문집
소금바다로 가다
ⓒ 김명인 2006

| 1판 1쇄 | 2006년 10월 26일 |
| 1판 2쇄 | 2007년 6월 15일 |

지은이 | 김명인
펴낸이 | 강병선
책임편집 | 조연주 고경화
펴낸곳 | (주)문학동네
출판등록 | 1993년 10월 22일 제406-2003-000045호

주　　소 | 413-756 경기도 파주시 교하읍 문발리 파주출판도시 513-8
전자우편 | editor@munhak.com
전화번호 | 031) 955-8888
팩　　스 | 031) 955-8855

ISBN 89-546-0230-4　03810

* 이 책의 판권은 지은이와 문학동네에 있습니다.
　이 책 내용의 전부 또는 일부를 재사용하려면 반드시 양측의 서면 동의를 받아야 합니다.
* 이 도서의 국립중앙도서관 출판시도서목록(CIP)은 e-CIP홈페이지(http://www.nl.go.kr/cip.php)에서
　이용하실 수 있습니다. (CIP제어번호 : CIP2006002204)

www.munhak.com